<그리스도인이면 꼭 알아야 할 성경 지식>

로마서

제1권

의인은 믿음으로 말미암아 살리라(1-6장)

서울솔로몬학교 성경연수원

차 례

이 책에 인용된 성경 구절은 〈한글킹제임스성경〉입니다.

제1과
마틴 루터가 사랑한 책 로마서

『이 복음 안에는 믿음에서 믿음에 이르게 하는 하나님의 의가 계시되었으니 기록된 바 "의인은 믿음으로 말미암아 살리라." 함과 같으니라』(롬 1:17).

마틴 루터의 회심

마틴 루터는 "하나님의 의"라는 문구를 아주 싫어했다. 왜냐하면 그것이 하나님께서 죄인들을 심판하시는 것과 연관된 하나님의 속성이라고 믿었기 때문이다. 그러나 그는 『**의인은 믿음으로 말미암아 살리라.**』(롬 1:17)라는 말씀 앞에 굴복했다. 진리의 빛이 그의 마음 속으로 쏟아져 들어오면서 어두운 마음을 구석구석 밝혀 준 것이다.

루터는 당시의 상황을 이렇게 회상했다. "나는 그때 하나님의 의가 믿음으로 말미암아 선물로 주어진다는 것을 깨달았다. 또한 그것이 자비로우신 하나님께서 믿는 자들을 의롭다고 선포하시는 수단이라는 것도 알았다. 나는 내가 새로 태어나는 것을 느꼈다. 모든 성경 말씀이 다르게 보였다. 나는 이제 하나님의 의를 미워하는 대신 몹시 사랑하게 되었다." 이렇게 해서 루터는 구원을 받았고, 지난날 길고 긴 고통과 불안에 떨었던 그의 양심이 평안을 찾을 수 있었다.

그리스도인은 자신이 언제 어떻게 구원받았는지를 이야기할 수 있어야 합니다(행 22,26장). 자신의 구원 간증을 간단하게 써 보세요.

➡

로마서는 어떤 책인가?

■ 기 록 자	예수 그리스도의 종인 "사도 바울"(롬 1:1)
■ 기록 시기	A.D. 60-62년(사도행전 25장 이전의 어느 시점, 롬 1:10)
■ 기록 대상	성도로 부르심을 받은 로마에 있는 모든 사람(롬 1:7)
■ 핵심 주제	"<u>믿음으로 의롭게 됨</u>"(롬 3:21-31) 〈전체 16장, 433구절로 구성〉

1. "신약적인 구원 계획"을 집중적으로 다루고 있는 "교리서"이다.

1) 사람이 구원받기 위해서는 "믿음"으로 말미암는 "하나님의 은혜"만 필요할 뿐, 여기에 다른 어떤 것도 덧붙일 필요가 없다고 가르쳐 주는 책이다. 『**의인은 믿음으로 말미암아 살리라**』(롬 1:17).

2) 로마서는 죄인이 오직 "믿음을 통해 은혜로 구원받는다"는 사실을 보여 주고, 갈라디아서는 오직 "믿음을 통해 은혜로 구원이 유지된다"는 사실을 보여 준다.

종교 개혁자 마틴 루터는 성경 66권 중에서 "믿음"을 강조하는 로마서와 갈라디아서를 가장 좋아했는데, 이 두 권의 책이 루터가 종교개혁을 일으킨 원동력이 되었다.

■ 새롭게 깨달았거나 적용할 내용이 있다면 적어 보세요. ■

2. 중요한 핵심 어구 : "하나님의"(of God)

➠ "하나님의 복음," "하나님의 사랑," "하나님의 의," "하나님의 믿음," "하나님의 진리," "하나님의 구원," "하나님의 능력," "하나님의 진노," "하나님의 심판," "하나님의 뜻," "하나님의 선하심," "하나님의 이름," "하나님의 말씀," "하나님의 신실하심," "하나님의 영광" 등

로마서의 구성

신약의 교리들 (1-8장)	1장	죄인 된 "이방인들"
	2장	죄인 된 "유대인들"
	3장	"모든 사람"의 죄인 됨과 의롭게 되는 방법
	4장	하나님의 복음과 믿음을 통해 의롭게 됨
	5장	의롭게 됨의 결과와 아담과 예수 그리스도의 비교
	6장	그리스도와의 연합과 죄에 대한 승리
	7장	그리스도인과 율법의 관계 및 그리스도인의 두 가지 성품
	8장	성도 안에서 이루시는 성령의 사역과 몸의 구속 및 구원의 보장
경륜적 진리들 (9-11장)	9장	이스라엘의 소경 됨과 이방인들의 구원
	10장	이스라엘의 불신
	11장	이방인들의 불신과 이스라엘의 회복
실천적 진리들 (12-16장)	12장	의롭게 된 그리스도인의 삶의 자세
	13장	국가에 대한 의무와 마지막 때의 행동 강령
	14장	의심스러운 쟁점들에 대한 가르침
	15장	이방인을 위한 사도 바울의 사역
	16장	마지막 문안 인사와 결론

3. "교회 시대에 관한 교리"가 풍성하게 담겨 있다.

1) 구원, 구속, 성화, 의롭게 됨, 거룩하게 됨, 예정, 양자 됨, 영광스럽게 됨, 심판 등에 관한 "**신약의 교리들**"(1-8장), 이스라엘과 교회의 관계에 대한 "**경륜적 진리들**"(9-11장), 의롭게 된 그리스도인이 행해야 할 "**실천적 진리들**"(12-16장)을 가르쳐 준다.

2) 로마서가 기록될 당시 "**그리스도의 몸의 신비**"는 이미 바울에게 계시되어 있었다(롬 16:25,26). 바울은 "이방인들을 위한 사도"였다(롬 15:16).

■ 새롭게 깨달았거나 적용할 내용이 있다면 적어 보세요. ■

제1과
복습문제

1. 로마서의 핵심 주제는 "(   )으로 의롭게 됨"이다(롬 3:21-31).

2. 로마서의 핵심 어구는 (   )이다.

3. 로마서는 죄인이 "(   )을 통해 은혜로 구원받는다"는 점을, 갈라디아서는 "(   )을 통해 은혜로 구원이 유지된다"는 점을 보여 준다.

4. 로마서는 (   ) 시대에 관한 교리가 풍성하게 담겨 있다.

5. 바울은 "유대인들을 위한 사도"였다. (O , X)

■ 복습 문제의 정답은 홈페이지(www.solomonbtc.org)에서 확인할 수 있습니다.

■ 새롭게 깨달았거나 적용할 내용이 있다면 적어 보세요. ■

NOTES

NOTES

제2과
하나님의 심판에 직면한 이방의 죄인들(1장)

『내가 그리스도의 복음을 부끄러워 하지 아니하노니 이는 이 복음이 믿는 모든 사람을 구원에 이르게 하는 하나님의 능력이 됨이라. 첫째는 유대인에게요, 또한 헬라인에게로다』(롬 1:16).

죄인 된 이방인들(1장)

1. 복음에 관한 바울의 소개(1-7절)

1) "하나님의 복음"을 위하여 성별된 바울(1절)

➠ "성별"(separation)은 "거룩하게 구별되었다."라는 뜻인데, 단순히 "무엇으로부터(from)" 구별되었는가에만 국한되어서는 안 되고, 반드시 "무엇에게로"("무엇인가를 위해," unto) 구별되어야 한다. 즉 "세상으로부터" 나와 "하나님께로" 성별해야 하는 것이다.

2) 예수 그리스도에 관한 하나님의 복음(2-7절)

(1) 선지자들을 통해 성경에 미리 약속하신 복음이다(2절, 시 22편, 사 53장).

(2) 바울이 전한 복음의 핵심인 주 예수 그리스도께서는 ① 육신으로는 다윗의 씨의 계보인(나단 계열, 눅 3:31) 처녀 마리아에게서 나심으로써(동정녀 탄생) "**다윗의 아들**"이 되셨고(3절), ② 거룩의 영으로는 부활의 능력을 통하여 "**하나님의 아들**"로 선포되셨다(4절, cf. 행 2:29-31). **부활은 예수 그리스도의 동정녀 탄생을 입증하는 강력한 증거이다!**

(3) "**믿음으로 순종해야만**" 구원받아 성도로 부르심을 받을 수 있다(5-7절). 믿음으로 순종한다는 것은(롬 1:5; 16:26) "행위 구원"을 의미하지 않는다. 마음으로부터 순종하는 것이고(롬 6:17), 복음에 순종하는 것을 의미한다. 그렇기 때문에 믿음으로 복음에 순종한다는 것은 "**복음, 곧 복음의 말씀을 듣고 믿는 것**"을 의미한다(롬 10:16,17, 행 15:7-11).

2. 서신을 쓰게 된 목적과 주제(8-17절)

1) 서신을 쓰게 된 목적 1. 로마에 있는 성도들을 보고 싶어 함(8-12절)

(1) 바울은 "**하나님의 뜻**"에 따라 로마에 있는 성도들에게 가기를 원했다(10절).

➡ 그리스도인은 자기 뜻을 추구하는 사람이 아니며, 항상 "주님께서 원하시면," 혹은 "하나님께서 허락하시면"이라고 말할 수 있어야 한다(약 4:15, 히 6:3).

> 『내가 너희를 보고 싶어 하는 것은 내가 어떤 영적 은사를 너희에게 나누어 주어 너희를 굳게 세우게 하려 함이니 이는 곧 내가 너희와 함께 있어 너희와 나의 믿음으로 인하여 서로 위로를 받으려 함이라』(11,12절).

(2) 바울은 사도적인 권위와 표적에 따른 "**영적 은사**"를 나누어 주어 그들을 굳게 세워 주길 원했는데(11절), 이것이 바로 영적 은사가 주어진 목적이다(엡 4:12-14).

(3) 바울은 서로 간의 믿음을 통해 위로를 받고 싶어 했다(12절).

2) 서신을 쓰게 된 목적 2. 주변 사람들에게 복음을 전하기 원함(13-15절)

(1) 바울은 로마인들 가운데서 "**구령의 열매**"를 얻기 원했다(13절).

➡ 13절의 "너희"는 구원받은 성도들뿐만 아니라 구원받지 않은 이방인들까지 포함하고 있다(15절).

(2) 복음 전파의 동기 : 모든 사람에게 "빚진 자"이다(14절).

➡ 구원받은 그리스도인은 주님께 큰 빚을 진 자들이며, 그 빚을 조금이라도 갚기 위해서는 누구에게든지 부지런히 복음을 전해야

한다(15절). **이것은 빚진 자로서 부득불 해야 할 의무이다!**

『내가 복음을 전할지라도 내게 자랑할 것이 없으니 이는 내가 부득불 해야 할 일이기 때문이라. 만일 내가 복음을 전하지 아니하면 정녕 내게 화가 있으리라! 내가 기꺼이 이 일을 하면 상이 있으려니와 기꺼이 하지 아니한다 해도 복음의 경륜이 내게 맡겨졌음이라』(고전 9:16,17).

복음을 전해야 할 대상들의 명단을 작성해 보세요.

➠ ______________________________

____

____

____

3) 로마서의 주제 : 그리스도의 복음(16,17절)

(1) "그리스도의 복음"은 "하나님의 복음"(롬 1:1)이자, "아들의 복음"(롬 1:9)으로서 **믿는 모든 사람을 구원에 이르게 하는 하나님의 능력이기 때문에**(16절), 결코 복음을 부끄러워해서는 안 된다.

복음을 담대히 전파했던 경험을 간단하게 적어 보세요.

➠ ______________________________

____

____

____

____

(2) 『**첫째는 유대인에게요, 또한 헬라인에게로다**』(16절). 이 복음은 먼저 유대인들에게 전해졌다가 후에 유대인들에게 거부되고 이방인들에게로 옮겨갔다(행 28:28).

(3) 이 복음 안에는 믿음에서 믿음에 이르게 하는, **곧 "구약적인 믿음"에서 "신약적인 믿음"에 이르게 하는 "하나님의 의"가 계시되어 있다**(17절).

〈구약적인 믿음〉	〈신약적인 믿음〉
의인은 자기 믿음(his faith)으로 말미암아 살리라(합 2:4)	의인은 믿음(faith)으로 말미암아 살리라(롬 1:17, 갈 3:11, 히 10:38)
하나님의 선물이 아니라 자기 것임	하나님의 선물로 주어짐(엡 2:8,9)
자기 믿음이 반영된 행위가 필요함	믿음의 말씀이 입에 있음(롬 10:8,9)
믿음과 행위를 통해 의롭게 됨	믿음만으로 의롭게 됨

3. 하나님의 진노와 이방인들의 죄인 됨(18-32절)

1) 하나님의 진노를 피할 수 없는 네 가지 유형

(1) **불의 가운데서 진리를 붙잡는 사람들**(18절)

➡ 성경에 계시가 된 진리를 붙잡기는 하되, "불의 가운데서," 곧 옳지 못한 악의를 품고 진리를 붙잡는 사람들로서, **특히 성경을 있는 그대로 올바르게 믿지 않거나 변개된 성경을 만들고 사용하는 자들이 대표적이다.**

(2) **하나님께 합당한 영광을 돌리지 않고 감사하지도 않는 사람들**(21절)

❶ 하나님의 능력과 신성이 인간의 마음과(19절) 창조물을(시 19:1-4, 욥 12:7-10) 통해 계시되어 있기에 세상은 결코 변명할 수 없다(20절).

❷ 하나님의 "신격"(Godhead)은 태양을 통해 계시되어 있다.

- <u>아버지 하나님</u>(God the Father, 혼) ➠ 볼 수도 느낄 수도 없는 "자외선"
- <u>아들 하나님</u>(God the Son, 몸) ➠ 볼 수 있는 "가시광선"
- <u>성령 하나님</u>(God the Spirit, 영) ➠ 볼 수는 없으나 느낄 수 있는 "적외선"

태양과 같은 "예수 그리스도"와 "교회"를 보여 주고(출 6:10, 시 19:1-4, 말 4:2,3), 태양의 일몰과 일출은 각각 초림 때의 피 흘려 죽으신 "십자가 사건"과 재림 때의 "영광의 아침"(사 63:3)을 보여 준다.

❸ 모든 죄와 우상 숭배, 반역과 배교, 세상 종교와 과학, 철학의 출발점(21-23절)은 하나님께 합당한 영광을 돌리지도, 감사하지도 않는 데 있다.

(3) <u>하나님의 진리를 거짓말로 바꾸는 사람들</u>(25절)

(4) <u>자기들의 지식 가운데 하나님 두기를 싫어하는 사람들</u>(28절)

2) 죄에 대한 하나님의 조치 : 죄인들을 내버려 두심(24,26,28절)

➠ 그들을 "내버려 두셨다"(gave them up)는 것은 "포기했다, 손을 뗐다"는 의미이다.

(1) 하나님을 알면서도 그분께 영광을 돌리지도, 감사하지도 않는 죄인들을 "마음의 정욕에 따른 더러움"에 내버려 두심으로써 그들의 "몸"을 내버리셨다(24절).

(2) "수치스러운 욕정"에 내버려 두심으로써 그들의 "혼"을 내버리셨다(26절).

➠ 결국 그들은 "본성을 거역하여" 부끄러운 동성연애의 죄를 저질렀다(26,27절).

(3) "버림받은 마음"에 내버려 두심으로써 그들의 "영"을 내버리셨다(28절).

인간은 영, 혼, 몸으로 구성된 "삼중적 존재"입니다. 영. 혼, 몸의 기능에 대해 간략히 작성해 보세요. [피터 럭크만의 〈몸, 혼, 영〉 참조]

• 영의 기능 :

• 혼의 기능 :

• 몸의 기능 :

"미국은 정신병자들이 운영하는 정신병동이다!"(레스터 롤로프) 버림받은 사람이란, 죄로 인해 하나님께서 상대해 주시지 않는 사람이다. 그리스도인도 죄를 짓고 자백하지 않으면, 하나님께서 상대하지 않으신다. 따라서 하나님과 지속적인 교제를 유지하기 원한다면, 죄를 짓더라도 당장 그 죄를 자백하고 예수 그리스도의 보혈로 깨끗이 씻어야 한다.

3) 죄의 목록(23가지, 29-32절)

➠ 여기에 열거된 죄들 중 한두 개 정도만 범한다면 세상 사람들 사이에는 "그리 나쁘지 않은 사람"으로 통한다. 자기들 스스로가 이런 죄들을 많이 짓고 있어서 죄에 대해 비교적 관대한 것이다. 그러나 하나님 편에서 보면 그런 자들은 죽음에 처해야 하는 것이 마땅하다(32절). 『**죄의 삯은 사망이라**』(롬 6:23). 하지만 인간은 하나님의 심판을 인지함으로써 죄로부터 돌이키지 않고, 오히려 더 많은 죄를

짓고, 또 죄짓는 자들을 용납하고 좋게 여김으로써 하나님의 심판을 애써 망각하려 하고 있다.

<럭크만 주석성경> 부록 53. 「무엇이 죄인가?」

① "죄"는 자신의 성공이나 교육이나 외모에 대해 마음속으로 자랑하는 것이다.

② "죄"는 사람들의 관심을 자신에게 끌려고 말하거나 행동하는 것이다.

③ "죄"는 다른 사람들의 잘못들이 밝혀지지 않았을 때 굳이 그것을 캐내고 비판하는 것이다.

④ "죄"는 다른 사람들을 도와줘야 할 때 자신의 이익이나 유익을 위해 도와주기를 꺼리는 것이다.

⑤ "죄"는 권위와 재산을 가진 사람들에게 열등한 자세를 취하여, 거짓된 겸손이나 과장된 겸손을 가장하는 것이다.

⑥ "죄"는 타인이 뭔가를 제대로 못 할 때 '내가 했으면 더 잘 했을 텐데.' 라고 여기면서 마음에 갖는 거짓된 안타까움이다.

TV를 보지 않고, 담배를 피우지도, 술을 마시지도 않으며, 영화를 보지도 않고, 마약을 사용하지도 않으며, 욕이나 거짓말도 하지 않는 그리스도인, 곧 <u>소위 "이차적 성별"을 하고 법을 준수하며 자신을 거룩하다고 여기는 그리스도인도 위에 열거한 모든 죄를 지을 수 있다.</u>

■ 새롭게 깨달았거나 적용할 내용이 있다면 적어 보세요. ■

제2과
복습문제

1. 성별은 단순히 "무엇으로부터(from)" 구별되기만 하면 된다. (O , X)

2. 믿음으로 순종해야 구원받는다는 진리는 "행위"와 무관하다. (O , X)

3. 그리스도의 복음 안에는 믿음에서 믿음에 이르게 하는 하나님의 의가 계시되어 있는데(롬 1:16,17), 이것은 구약적인 믿음에서 신약적인 믿음에 이르게 하는 하나님의 의가 계시가 되었다는 의미이다. (O , X)

4. 『내가 그리스도의 (　　　　　)을 부끄러워하지 아니하노니 이는 이 복음이 믿는 모든 사람을 구원에 이르게 하는 하나님의 (　　　　　)이 됨이라. 첫째는 유대인에게요, 또한 헬라인에게로다』(롬 1:16).

5. 하나님께서는 죄에 대한 조치로서 죄인들을 내버리셨는데, "마음의 정욕에 따른 더러움"에 내버려 두심으로써 그들의 (　　　)을 내버리셨고(롬 1:24), "수치스러운 욕정"에 내버려 두심으로써 (　　　)을 내버리셨으며(롬 1:26), "버림받은 마음"에 내버려 두심으로써 (　　　)을 내버리셨다(롬 1:28).

■ 복습 문제의 정답은 홈페이지(www.solomonbtc.org)에서 확인할 수 있습니다.

NOTES

제3과
하나님의 심판 아래 놓인 죄인된 유대인들(2장)

『내면적 유대인이 유대인이요, 할례는 마음의 할례이니 영에 있고 법문에 있지 않은 것이라. 그들의 찬사는 사람들에게서가 아니라 하나님에게서니라』(롬 2:29).

죄인 된 유대인들(2장)

1. 율법이 없는 이방인들에 대한 하나님의 경륜(1-16절)

1) 이방인을 향한 하나님의 의로운 심판(1-11절)

(1) 구원받지 않은 죄인이 다른 사람의 죄를 함부로 판단하는 것에 대해 책망한다(1절).

(2) 죄들을 지은 자들과 그런 자들을 판단하면서도 똑같은 죄들을 짓는 자들에게는 하나님의 심판이 있을 것이다(2,3절).

(3) 회개의 기회를 거부하고 무시하는 자에게 그 완고함과 회개하지 않는 마음을 따라 하나님의 진노와 심판이 있을 것이다(4,5절). **심판의 책임은 하나님의 선하심과 관용과 오래 참으심의 풍성함을 무시한 죄인들에게 있는 것이다.**

> 죄인들이 심판받는 것은 무슨 죄를 "행하기" 때문이라기보다 무슨 일을 "행하지 않기" 때문이다. 마땅히 해야 할 한 가지 일, 곧 회개하고 예수 그리스도를 구주로 믿고 영접하는 일을(행 20:21) "행하지 않기" 때문에 지옥에 간다. 그들은 자기들이 그리스도인들보다 더 선한 일들을 많이 한다고 생각하면서 짐짓 안심하는 것이다.

(4) **하나님께서는 각 사람이 행한 대로 갚아 주신다**(6-11절).

❶ **아담이 타락한 이후부터 예수 그리스도의 십자가 사건까지, 구약의 "이방인들"에게 적용되는 "행위 구원"을 보여 준다. 이것은 교회 시대의 구원 방법이 아니다!**

❷ 하나님께서는 구약의 어떤 이방인이 양심에 따라서 올바른 삶을 살았고 지속해서 옳은 일을 했을 때 그에게 영원한 생명을 주셨다(7절).

- **아담, 노아, 아브라함 등은 믿음으로 말미암아** 은혜로 구원을 받았음과 동시에, 자신들의 "**행위들을 통해**"(히 11:7-9,17-19) 올바른 종류의 믿음이 그들에게 있었다는 사실을 보여 주었다(약 2:21-24).
- **사도행전 13:48의 이방인들은** 본래 참고 선을 행하고 영광과 존귀와 썩지 아니함을 구하는 자들로서 영원한 생명을 얻기로 정해진 자들이었는데, 하나님께서는 이들에게 복음을 듣고 구원받을 기회를 주셨다(행 13:44-49).
- **사도행전 10:1의 이방인 고넬료** 역시 경건하고 하나님을 두려워하며 선한 행위와 더불어 하나님께 항상 기도하는 사람으로서(행 10:2) 영원한 생명을 얻기로 정해진 자였는데, 하나님께서는 베드로를 통해서 그가 복음을 듣고 구원받을 기회를 주셨다(행 10:1-48).

■ 새롭게 깨달았거나 적용할 내용이 있다면 적어 보세요. ■

〈하나님의 경륜과 구원 방법〉

1 율법 이전 시대				2 율법 시대	3 교회 시대	4 교회 이후 시대	
무죄 시대	양심 시대	인간 정부	약속 시대	율법 시대	약속 시대	대환란	왕국 시대
행위	양심에 따른 믿음과 행위			유대인 율법 (믿음+행위) / 이방인 양심 (믿음+행위)	믿음	믿음 + 행위	행위

❸ 양심에 순응하지 않음으로써 다투고 진리에 복종하지 않는 자들에게는 분개와 진노만 있을 뿐이다(8절). 주님께서는 결코 사람을 외모로 보지 않으신다(11절).

<몇 가지 중요한 요점들>

① 유대인은 율법을 따르지 않아서 하나님의 진노에 처하고, 이방인은 양심을 따르지 않아서 환란을 피할 수 없게 된다(9절).

② 유대인은 먼저 율법을 따라야만 예수 그리스도께로 인도될 수 있고(갈 3:24), 그때 그리스도를 거부하면 지옥에 간다. 이방인은 먼저 양심을 따라야만 예수 그리스도께로 인도될 수 있고, 이때 그리스도를 거부하면 지옥에 간다(10절).

③ "한 번도 복음을 들어보지 못한 사람은 어떻게 되는가?"라고 묻는 사람이 있는데, 만일 그런 사람이 양심에 따라 행하기만 했다면, 어떤 방법으로든 그에게도 복음이 전해졌을 것이고, 그 복음에 순종하여 주 예수 그리스도를 믿고 자신의 구주로 영접할 기회가 어떤 형태로든지 주어졌을 것이다.

④ 복음에 대해 한 번도 들어본 바가 없고 알려진 바가 없다고 생각되는 이교도 나라들에서도 성경을 통해 그리스도가 증거되어 복음을 듣고 구원받는 사람들이 상당수 있다.

2) 율법이 없는 이방인을 다루시는 방법(12-16절)

(1) 율법 안에서 죄를 지은 유대인들은 <u>율법에 의해</u> 심판을 받는 반면(12절), 율법 없이 죄를 지은 이방인들은(12절) 본성에 따른 <u>양심에 의해</u> 심판을 받는다(13-15절).

(2) 이방인들은 양심에 따른 행위를 근거로 심판을 받는데(13절, cf. 창 20:5 - 아비멜렉), 말하자면 이방인들은 "양심"과 하나님께서 계시해 주신 "빛" 아래에서 믿음과 행위를 통해 구원을 받은 것이다.

(3) <u>가장 큰 문제는</u>, 죄인들이 본성을 거역하고 무시하며(롬 1:21-28), 양심이 화인을 맞아 마비되고(딤전 4:2), 마음과 양심이 더럽혀졌기 때문에(딤전 1:15), 범죄와 타락을 막기 위해서 <u>양심이 끊임없이 보내는 경고를 무시하고 죄를 즐긴다는 사실이다</u>.

(4) 외모를 보지 않으시는(11절) 하나님께서는 사람들의 은밀한 것들을 심판하실 그날에(16절, 전 12:13,14), 곧 "백보좌 심판"에서 사람들의 모든 감추어진 죄들을 들추어내실 것이고(시 90:8) 완전한 기준에 근거하여 완전한 판결을 내리실 것이다.

지금까지의 내용은 구원받지 않은 이방인들 전체에 관한 것이다. 그들이 잃어버린 상태에 있는 것은 그들이 양심을 따르지 않았기 때문이다. 그들이 양심을 따를 때 하나님께서는 그들에게 하나님의 말씀을 접할 기회를 주신다. 그러나 양심을 따르지 않을 때, 그들은 양심을 위반하여 지은 죄로 인해 율법을 위반한 유대인들과 마찬가지로 심판 날에 정죄를 받는다.

2. 율법에 따라 정죄를 받는 유대인들(17-29절)

1) 유리한 위치에 있었던 유대인들(17-20절)

(1) 유대인은 하나님께서 주신 율법이 있었고, 참 하나님을 자랑할 수 있었다(17절). 구약에 나타난 하나님의 뜻을 알았고, 또한 그것이 옳다고 인정했다(18절).

(2) 율법의 지식으로 진리의 틀을 갖추고 있었기에, 이방인들의 안내자요, 빛이며, 교사요, 선생이라고 자신할 수 있었다(19,20절).

2) 율법을 위반함으로써 하나님을 모독한 유대인들(21-27절)

(1) 유대인들이 율법을 어길 때, 그 율법은 아무 쓸모가 없어질 뿐만 아니라, 그 모습을 본 이방인들이 하나님을 우습게 여기게 된다(cf. 사 52:5).

(2) 유대인들은 도둑질과 간음과 우상 숭배를 하고 율법을 위반함으로써 하나님을 욕되게 했다(21-24절). 일례로, 다윗 왕이 밧세바와 간음하고 그 남편 우리아를 죽였을 때, 선지자 나단은 『**왕이 주의 원수들에게 하나님을 모독할 큰 구실을 주었으니**』(삼하 12:14)라고 하면서 책망했다.

(3) 유대인이 율법을 어기면 그의 할례는 "무할례"처럼 여겨지고, 하나님께서 보시기에는 사실상 구원받지 못한 "이방인 개"와 똑같게 된다(25-27절).

유대인들이나 이방인들이나 모두 죄 아래 있다! 『그러면 어떠하냐? 우리가 그들보다 더 나은 것이냐? 결코 그렇지 아니하도다. 유대인들이나 이방인들이나 다 죄 아래 있다고 우리가 이미 증거하였느니라』(롬 3:9).

3) 내면적 유대인이 진정한 유대인이다(28,29절)

(1) 내면적 유대인은 소위 "영적 유대인"이라고 하는 "그리스도인"을 의미하지 않는다. "**마음의 할례**"를 받은(29절, 신 10:16), 곧 율법을 실제로 지키는 참된 "문자적인" 유대인을 가리킨다(렘 4:4; 8:8,9; 9:25,26).

(2) 이에 반해 "**그리스도의 할례**"가 있는데, 이것은 문자적인 유대인이든, 문자적인 이방인이든, 죄인이 구원받을 때 받는 것으로서, 그 혼이 육신의 죄들의 몸으로부터 분리되는 영적 수술(영적 할례)을 의미한다(골 2:11).

■ 새롭게 깨달았거나 적용할 내용이 있다면 적어 보세요. ■

제3과 복습문제

1. 하나님께서 인간을 구원하시는 방법은 어느 시대나 동일하다. (O , X)

2. 문맥적으로 "내면적 유대인"(롬 2:28,29)은 그리스도의 할례를 받은 그리스도인을 가리키는 표현이다. (O , X)

3. "내면적 유대인"(롬 2:28,29)은 마음의 할례를 받은, 곧 (   )을 실제로 지키는 참된 "문자적인" (   )을 가리킨다.

4. 율법 안에서 죄를 지은 유대인들은 (   )에 의해 심판을 받지만(롬 2:12), 율법 없이 죄를 지은 이방인들은(롬 2:12) (   )에 의해 심판을 받는다(롬 2:13-15).

5. 『그분께서는 각 사람이 행한 대로 갚아 주시리니 참고 선을 행하여, 영광과 존귀와 썩지 아니함을 구하는 자들에게는 영원한 생명으로 하시고』(롬 2:6,7). 이것은 교회 시대의 구원 방법이다. (O , X)

6. 십자가 이전에 이방인들을 위한 심판의 근거는 "양심"이었다. (O , X)

■ 복습 문제의 정답은 홈페이지(www.solomonbtc.org)에서 확인할 수 있습니다.

NOTES

NOTES

<로마서에 나오는 주요 용어 설명>

① 구원(Salvation) : 사탄의 공격, 미혹, 죄의 유혹, 시험, 위험, 재난, 고난 등으로부터 건져냄을 받고 보호받는 것을 뜻하는 일반적이고 광의적인 용어로서 구속, 중생, 칭의 등을 포함한다. 기본적으로는 "혼의 구원"(약 1:21, 벧전 1:9)의 의미로 사용되는데, 곧 죄의 값인 사망과 지옥으로부터 건져냄을 받고 구출된다고 할 때 "구원"이라는 용어를 쓰는 것이다.

② 구속(Redemption) : 실제로 "값을 지불하는 것"으로서 이것은 마치 전당포에 맡겨 놓은 저당물을 값을 치르고 다시 찾아오는 것과 같다. 죄인은 전당포에 저당 잡힌 신세인데, 예수 그리스도께서 자신의 보배로운 피로(벧전 1:19) 그 "값"(몸값, ransom, 마 20:28)을 단번에(히 9:12) 지불하시고 죄인을 찾아오시는 것이다(엡 1:7, 골 1:14). 그래서 이 용어에는 "죄를 완전히 제거하여 온전하고 깨끗하게 한다."(히 10:1-4,10-14; 9:11-15,26)는 개념이 들어 있다.

③ 죄 사함(Remission) : 죄를 제거하여 온전하고 깨끗하게 해 주지는 못하지만, "죄를 덮어 주고 용서해 준다."(출 34:7, 엡 4:32, 골 2:13)는 개념을 갖고 있다.

④ 대속(Substitution) : 우리의 죄를 "대신해서 형벌을 받고 죽음으로써 속죄하는 것"을 의미한다(벧전 3:18, 요 10:11).

⑤ 화목제물(Propitiation) : 하나님의 공의를 만족시키기 위해 예수 그리스도께서 실제로 치르신 값을 의미한다(롬 3:25, 요일 2:2; 4:10).

⑥ 화해(Reconciliation) : 서로 갈라져서 대립하고 원수 관계에 있던 두 당사자를 한 자리에 놓고 "갈라서기 이전의 관계로 회복시키는 것"을 의미한다(고후 5:18-20). 적대 관계를 청산하는 것인데, 이 화해를 위한 유일한 도구는 "십자가의 보혈"이었다(골 1:20, 롬 5:10).

<로마서에 나오는 주요 용어 설명>

⑦ 전가(Imputation) : 하나님께서 "예수 그리스도의 의를 그를 믿는 죄인들에게 넘기시는 것"을 의미하는데, 동시에 인간의 죄를 예수 그리스도께 넘기신다(고후 5:21, 사 53:5,11, 롬 4:3-8). 마치 예수 그리스도의 기록과 인간의 기록을 서로 맞바꾸시는 것과 같다.

⑧ 칭의(Justification) : 의롭게 되는 것, 곧 "칭의"는 "의롭지 않은 어떤 대상을 의롭다고 선언하는 것"을 의미한다. 의롭지 못한 죄인이 스스로 의로워졌기(행위) 때문이 아니라, 오직 믿음으로 의롭게 된(롬 4:5; 5:1; 3:24, 딛 3:7, 사 53:11) 죄인을 하나님 편에서 일방적으로 의롭다고 인정하시고 선언하시는 "사법적인 판결"인 것이다(롬 8:33).

⑨ 중생(Regeneration) : "영의 거듭남"을 의미하는데(딛 3:5), "두 번째 출생(요 3:3,7, 벧전 1:3,23)을 통해 새로운 생명을 받는 것"을 가리킨다. 그래서 이 용어는 "변화된 본성(성품)," 곧 "하나님의 본성"(벧후 1:4)을 보여 주며 "새 사람"(속 사람, 거듭난 영)과 관계가 있다.

⑩ 성화(Sanctification) : 말 그대로 "거룩하게 되는 것"을 가리키는데, "죄로부터 분리되어 거룩한 생활을 하도록 구별되는 것"을 의미한다. 그래서 이것은 "변화된 인격"을 보여 준다.

⑪ 입양(Adoption) : 마귀의 가족에서 하나님의 가족이 되는 법률적인 행위로서 예수 그리스도를 믿는 죄인이 하나님의 "장성한 아들(성숙한 아들)로서 모든 특권과 지위를 누리는 것"을 가리킨다. 그래서 이 용어는 "변화된 지위"와 연관된다.

⑫ 영광스럽게 됨(Glorification) : 재림 때 "혼과 몸과 영이 모두 완전하게 된" 성도들이 그들에게 약속된 "모든 영광을 누리게 되는 것"을 의미한다(롬 8:18,23, 골 3:4).

제4과
모든 사람의 죄인 됨과 의롭게 되는 방법(3장)

『그러므로 자랑할 데가 어디 있느냐? 있을 수 없느니라. 무슨 법으로냐? 행위의 법으로냐? 아니라. 오직 믿음의 법에 의해서니라. 그러므로 우리는 사람이 율법의 행위들이 없이 믿음으로 의롭게 된다고 단정하노라』(롬 3:27,28).

의롭게 되는 길

깊은 구덩이에 빠진 어떤 사람이 도움을 요청하고 있었다. 그때 지나가던 영국 성공회 신부가 내려다보면서 "구덩이에서 나오고 싶나요? 그렇다면 십계명과 황금률을 지키세요."라고 말했다. 하지만 아무 효력이 없었다. 얼마 후 그곳을 지나가던 불교의 중이 이렇게 말했다. "오직 당신 자신만이 자신을 도울 수 있어요. 가부좌를 틀고 당신이 구덩이와 하나가 될 때까지 명상해 보세요." 역시 소용이 없었다. 그때 황급히 지나가던 로마카톨릭 사제는 "성당을 찾아가서 이름을 등록하고 성사들을 받고 죽으면 구덩이에서 나올 수 있습니다."라고 말했다. "교회를 가려면 이 구덩이에서 나가야 하는데요." 그러자 사제는 "그렇군요. 그래도 한번 노력해 보세요."라고 말하며 떠나 버렸다. 이것이 바로 세상 종교들의 실상이다. 그러나 구주이신 예수 그리스도께서는 직접 구덩이 안쪽으로 내려가셔서 그 사람을 꺼내 주신다. 우리를 지옥의 불구덩이에서 꺼내 주신(시 40:1,2) 분이 바로 주 예수 그리스도이신 것이다.

세상 종교를 통해서는 왜 구원받을 수 없는지 간단히 작성해 보세요.

➡ ______________________________

____

____

모든 사람은 죄인이다(3장)

1. 유대인들의 유익과 공의로운 하나님의 심판(1-9절)

1) 내면적 유대인이 진짜 유대인이고 마음의 할례가 중요하다면(롬 2:28,29), <u>과연 물리적인 유대인의 나은 점은 무엇이고 할례의 유익은 무엇인가?</u>(1절)

➡ 『**하나님의 말씀들**』(the oracles of God), 즉 하나님께서 입으로 발설하신 모든 말씀들이 <u>이스라엘 민족에게 맡겨졌다</u>(2절). 성경 기록자들은 모두 유대인들이었다(cf. 요 4:22).

유대인들이 받은 커다란 유익 중 하나는 "하나님의 말씀을 받은 것"이다. 이에 반해 이방인들에게는 자연과 양심밖에 없다. 자연 속에서 하나님의 말씀의 일부를 이해하는 것이 전부인 것이다(시 19:1-3). 그러나 "자연"은 저주받았고(창 3:17-19), "양심" 역시 더럽혀지고 화인 맞을 수 있다. 그러나 하나님의 말씀인 성경은 "순수한 말씀들"이다(시 12:6). 성경은 빛을 주고, 또한 명철을 준다(시 119:105). 성경은 진리로서(요 17:17) 생명을 주며(신 8:3) 우리를 죄로부터 지켜 준다(시 119:9-11). 이처럼 성경을 가진 사람은 구원받지 못한 가련한 죄인이 갖지 못한 엄청난 유익을 소유한 것이다. 유대인들이 받은 큰 유익이 바로 그것이었다!

2) 『**어떤 자들이 믿지 아니하였다면 어찌하겠느냐? 그들의 믿지 아니함이 하나님의 신실하심을 무효화시키겠느냐?**』(3절)

➡ 유대인들 가운데 일부가 예수 그리스도께서 지상에 계실 때 그분 자신에 관하여 말씀하신 것을 믿지 않았다면 어떻게 되는가?(막 5:16,17, 눅 4:28,29, 마 27:15-26) 그들이 믿지 않았다고 해서 예수님의 신실함을 무효화시키며, 또한 예수님의 말씀을 믿은 사람들이 여전히 죄 가운데 있고 구원받지 못한 사람이 되는가? 결코 그럴 수 없다!

3) 하나님께서 어떤 것에 대하여 "이렇다."라고 말씀하시는데, 어떤 사람이 "저렇다."라고 말하면 그 사람이 말한 것은 과감하게 버려야 한다.

➡ 빌리 선데이는 이렇게 말했다. "성경이 말씀하는 것과 학자들이 말하는 것이 다를 때, 학자들의 주장을 마귀에게 던져 버려라." **『실로, 하나님은 참되시나 사람은 모두 거짓말쟁이라』**(4절).

하나님의 말씀인 성경은 거듭난 그리스도인들의 "최종 권위"(Final Authority)이다. 최종 권위가 무슨 뜻인지 작성해 보세요.

➡

4) **『주께서... 판단받으실 때에 이기려 하심이라』**(4절).

➡ 이것은 시편 51:4을 인용한 말씀이다. 구약은 **『주께서 판단하실 때에』**라고 말씀하고, 신약은 **『주께서... 판단받으실 때에』**라고 말씀한다. 이 말씀들이 모순이 아닌 것은, 큰 백보좌 심판 때 죄인들이 주 하나님을 감히 판단하려 할 것이지만, 주께서는 이러한 판단을 이기실 것이고, 또한 하나님의 말씀들에 따라 공의로 죄인들을 심판하실 것이기 때문이다(롬 3:19).

죄인들이 하나님을 비난하고 주님께 책임을 돌리려 할 것이지만, 공의로우신 심판자께서는 성경으로 그들의 모든 비난에 대해 논박하실 것이다. 그들은 우주의 법정을 떠날 때 예수 그리스도를 주라 시인할 것이고, 『**너희 저주받은 자들아, 내게서 떠나... 영원한 불 속으로 들어가라.**』(마 25:41)라고 "불못행"을 선고하시는 하나님의 명령에 "아멘!"이라고 외치게 될 것이다(빌 2:9-11). 그들은 최고의 변호인께서 그들의 변론을 위해 계셨고(요일 2:1) 그분께서 그들의 죄의 형벌의 대가를 치르셨음에도 불구하고, 그분을 받아들이지 않은 대가로 불못에서 영원무궁토록 고통받게 된다.

5) 하나님의 방식은 악으로 선을 이루시는 것이 결코 아니다.

(1) 죄인의 악행으로 하나님의 의로우심을 더욱 분명히 나타내 주었다 해도, 하나님께서 죄인의 죄악과 악행을 눈감아 주시지는 않는다. 『**그러나 만일 우리의 불의가 하나님의 의를 드러나게 한다면 우리가 무슨 말을 하리요?**』(5절)

➠ 이와 같은 그릇된 논리를 행동 규범으로 삼는 가증한 집단이 있으니, 곧 "예수회"이다. **하나님께서는 마음을 시험하시고 동기를 살피시며 과정에 주목하신다**(고후 8:21, 고전 4:5).

(2) **하나님께서는 사람들의 거짓말로 하나님의 진리를 더 풍성케 하시는 분이 아니시다.** 『**만약 나의 거짓말로 인하여 하나님의 진리가 더욱 풍성하여져서 그의 영광이 되었다면 어찌하여 내가 죄인으로서 여전히 심판을 받으리요?... 악을 행하여 선이 이루어지게 하자고 하지 아니하였겠느냐?**』(7,8절)

❶ 이것은 로마카톨릭과 이슬람교의 방법이다. 카톨릭 교황은 1940

년에서 1941년까지 히틀러를 유럽에서 로마카톨릭의 공식적인 수호자로 인정하는 협약을 맺었다. 교황 피오 12세는 "히틀러의 정복 야욕"을 유럽을 다시 자신의 손안에 넣기 위한 계기로 이용했다. 히틀러는 유고슬라비아에서 로마카톨릭의 환영을 받았고, 로마카톨릭인 크로아티아인들은 히틀러의 무력에 힘입어 3년 동안 그리스정교회인 세르비아인들 200,000명을 학살했다.

❷ 그리스도인도 마찬가지이다. 은혜로 구원받았다고 해서 죄를 짓는 계기로 삼아서는 안 되는 것이다. 그리스도인이 죄를 지으면, 그는 하나님과의 교제를 잃어버리고(요일 1:6,7), 간증도(고전 8:7-13, 창 19:14, 벧후 2:6-8), 섬김도(고전 9:27), 상급도(요이 1:8, 고전 3:15), 건강도(고전 11:29,30), 심지어 자신의 목숨까지도 잃어버릴 수 있다(고전 11:30; 5:5). 물론 구원만큼은 잃어버리지 않는다.

6) <u>인류는 모두 똑같이 죄 아래 있다</u>.

➡ **『그러면 어떠하냐? 우리가 그들보다 더 나은 것이냐? 결코 그렇지 아니하도다. 유대인들이나 이방인들이나 다 죄 아래 있다고 우리가 이미 증거하였느니라』**(9절). 어떤 사람도 다른 사람보다 더 나은 상태에 있지 않다. 모두 죄 아래 있을 뿐이다.

2. 모든 사람이 죄인이다(10-20절)

『기록된 바와 같으니 "의인은 없나니 없도다, 한 사람도 없도다. 깨닫는 자도 없고 하나님을 찾는 자도 없도다』(10,11절).

1) 인류의 현실은 참담하다.

(1) 죄인들은 자기들이 조금 도덕적이거나 종교적이면 스스로 꽤 괜찮은 사람이라고 생각하기도 하고, 선행하면서 자기가 그리 나쁘지 않은 사람이라고 생각하기도 하지만, 그것은 자기 기준일 뿐, 하나님 보시기에는 그들 모두 추악하고 가증한 죄인들일 뿐이다.

오래전 버클리라는 이름의 감독이 이렇게 말했다. "나는 기도할 때도 죄를 짓고, 설교할 때도 죄를 짓는다. 나의 최상의 회개마저도 회개가 필요하고, 나의 눈물 역시 예수 그리스도의 보혈로 씻겨야 한다."

(2) 이런 죄인들의 모습 중에 가장 큰 정죄를 받는 것은 바로 **『하나님을 두려워함』**이 없다는 것이다(17,18절).

➠ 사람이 하나님을 두려워하지 않을 때, 그는 스스로 모든 지혜와(욥 28:28, 잠 9:10) 지식을 저버린 것이 된다(잠 1:7). 한 개인이나 국가가 주를 두려워하지 않게 되면 하나님께서는 그 개인이나 국가가 제멋대로 살도록 내버려 두셔서 멸망하게 하신다(잠 1:31,32).

"의지의 기능"마저 타락한 것은 아니다! 성경은 죄인의 귀가 악하다고 말씀하고(행 28:27), 죄인의 손도 악하다고 말씀한다(행 2:23, 사 59:6). 그의 양심도(딛 1:15), 그의 생각도(사 59:7), 그들의 상상도 모두 악하다고 말씀한다(창 6:5; 8:21). 그러나 잊지 말아야 할 것은, 인간이 이처럼 철저히 그리고 완전히 타락했다고 해서 하나님의 복음에 반응할 수 있는 "의지"까지 타락한 것은 아니다. "의지"는 타락의 대상이 아니다.

『오 예루살렘아, 예루살렘아, 선지자들을 죽이며 너에게 보낸 사람들을 돌로 치는 자야, 마치 암탉이 자기 병아리들을 날개 아래 함께 모으듯이 내가 얼마나 자주 네 자녀들을 모으려고 하였더냐? 그러나 너희가 원치 아니하였도다!』(마 23:37) 『주 예수 그리스도를 믿으라. 그리하면 너와 네 집안이 구원을 받으리라』(행 16:31).

2) 율법의 기능은 죄를 깨닫게 하는 것이다.

➠ 율법은 죄가 무엇인지 알게 하며, 모든 사람이 하나님 앞에서 죄인임을 깨닫게 하려고 주어졌다. 곧 율법은 우리를 그리스도께로 인도하는 선생이다(갈 3:24). **『그러므로 율법의 행위로는 그분 앞에 의롭게 될 육체가 없나니 이는 율법을 통해서는 죄의 깨달음이 있음이니라』**(20절).

<인간의 타락의 절정>

로마서 3:10-18은 구약의 시편에서 인용한 말씀들이다. 본래의 구절을 시편에서 찾아보면, 그 문맥이 적그리스도를 다루고 있음을 알 수 있다(특히 시 10:7; 36:1). 일차적으로 본문은 죄인의 타락을 보여 준다. 동시에 죄인들이 추구하는 "인류 진화의 최고 상태"가 될 "궁극의 인간," 곧 "적그리스도"를 묘사하고 있다. 인류가 제시하는 최고의 인간은 하나님을 두려워하지 않기에(시 14:1, 단 11:37,38) 마귀의 지배를 받는다(시 140:3, 계 13:2). 그리고 이 사람이 인류에게 제시하는 최상의 것은, 인류를 완전히 복종시키는 가운데(시 140:2, 단 11장, 계 13:7) 자행하는 "하나님을 향한 반역"과(시 10:7, 단 7:8,25; 11:36, 계 13:5,6) "끔찍한 식인

행위"이다(시 5:5,9; 14:4). 인류가 아무리 스스로 발전했다고 생각해도, 인류는 지난 6천 년간 전쟁과 독재와 대량학살을 자행해 왔고, 인류 전체의 집단적 양심에 있어서 그 어떤 향상도 이루지 못했다. 마침내 죄인들은 개들이 토한 것으로 모이듯이 적그리스도의 기치 아래 모두 모일 것이다(사 59:1-8, 계 13:3,4, 벧후 2:22). 죄인인 인간은 절대 진화하지 않으며, 사탄 숭배와 식인 행위가 인류의 미래일 뿐이다!

3. 율법 없이 나타난 하나님의 의(21-31절)

1) "하나님의 의"이신 예수 그리스도

(1) 『**그러나 이제는 율법 없이 하나님의 의가 나타났으니 율법과 선지서들을 통해 증거된 것이니라**』(21절). 이것은 예수 그리스도의 초림을 말한다. "하나님의 의"는 예수 그리스도께서 오셔서 화목제물이 되심으로써 선포되었다(25,26절).

(2) 『**곧 하나님의 의는 예수 그리스도를 믿음으로 인한 것으로 모든 자와 믿는 모든 자에게 미치나니 차별이 없느니라**』(22절). 모든 사람은 죄인이다. 그러므로 모든 사람에게는 예수 그리스도를 믿음으로 말미암는 "하나님의 의"가 필요하다.

2) "의롭게 되는 것"에는 대가가 요구되지 않는다.

➡ 『**이는 모든 사람이 죄를 지었으므로 하나님의 영광에 이르지 못하다가 그리스도 예수 안에 있는 구속을 통하여 그의 은혜로 값없이 의롭게 되었음이라**』(23,24절).

(1) 『**값없이**』(freely) 의롭게 된다고 말씀한다.

(2) 하나님께서는 아담에게 선과 악의 지식의 나무를 제외하고는 어떤 나무의 열매도 『**마음대로**』(freely) 먹을 수 있다고 말씀하셨다(창 2:16,17). 그러나 이브는 사탄의 미혹 앞에서 『**마음대로**』라는 말을 빼놓고 하나님의 명령을 인용했다.

(3) 요한계시록에서는 『**원하는 자는 누구든지 생명수를 값없이 마시게 할지어다.**』라고 말씀한다(계 22:17). "원하는 자"는 "누구든지," "값없이" 생명수를 얻을 수 있다.

3) "의롭게 되는 것"에 대가가 요구되지 않는 것은 이미 "화목제물"이 드려졌기 때문이다.

『하나님께서는 그의 피를 믿는 믿음을 통하여 그를 화목제물로 세우셨으니 이는 하나님의 오래 참으심 가운데서 이전에 지은 죄들을 사하심으로 인하여 그의 의를 선포하려 하심이요』(25절).

(1) 『**화목제물**』은 어떤 원한 혹은 적의를 해소하는 데 치러지는 값을 말한다.

➠ 하나님께서는 공의로우시므로 그분의 공의에 부합되지 않는 일을 행하실 수 없다. 그러므로 그분의 공의가 타당하게 충족될 수 있는 값이 지불되지 않고서는 절대로 죄인과 화목할 수 없으신 것이다.

(2) 그래서 하나님의 공의를 만족시킬 수 있는 유일한 대상, 즉 그분의 아들이신 예수 그리스도께서 죄인인 우리를 위해 화목제물이 되셨다(요일 4:10, cf. 히 9:5). 『**그는 우리의 죄들을 위한 화목제물이시니, 우리뿐만 아니라 온 세상의 죄들을 위한 것이니라**』(요일 2:2).

4) "의롭게 되는 것"에는 행위가 요구되지 않는다.

『사람이 율법의 행위들이 없이 믿음으로 의롭게 된다고 단정하노라』(28절).

➡ 하나님께서는 예수 그리스도를 자신의 개인적인 구주로 믿는 사람을 값없이 은혜로 의롭다고 선언하신다. 어떤 종류의 행위도 필요 없다(롬 4:5, 엡 2:8,9, 행 13:38,39). 하나님께서는 할례자들인 유대인들도, 무할례자들인 이방인들도 모두 믿음으로 의롭게 하신다(29,30절, 롬 4:5).

『죄들을 사하심으로 인하여』(롬 3:25). 이와 비슷한 어구가 신약에서 네 곳에 나온다(마 26:28, 막 1:4, 눅 3:3, 행 2:38). 그 뜻은 모두 "하나님께서 죄들을 사하셨기 때문에"이다. 간단히 설명하면 예수님께서 오신 것은 구약의 죄들이 용서되지 않아서가 아니라, 하나님께서 죄들을 용서해 오셨기 때문에, 예수님께서 친히 피를 흘리심으로써 용서된 죄들을 구속하고 깨끗하게 하고 제거하신 것이다(출 34:7, 히 9:15).

예수 그리스도의 보혈로 인한 이러한 구속은 하나님께서 지금까지 죄들을 용서해 오신 신성한 행위들을 정당화하고 신약의 죄인들을 의롭게 하는 데 그 기반을 제공한다(26절). 우리는 어떤 행위의 법이 아닌 **『오직 믿음의 법에 의해서』** 의롭게 되었다(27절). 또한 동일한 믿음으로 우리의 의롭게 됨이 유지된다(갈 3:11).

5) 율법이 폐기된 것은 아니다.

➡ 『믿음』이 율법을 무효화하는 것이 아니다. 죄인들이 율법을 지킬 수

없었기 때문에, 예수 그리스도를 믿음으로 값없이 은혜로 의롭게 될 수 있도록 하신 것이다. 『**그렇다면 우리가 믿음으로 율법을 폐하느냐? 결코 그럴 수 없느니라. 오히려 우리가 율법을 굳게 세우느니라**』(31절).

■ 새롭게 깨달았거나 적용할 내용이 있다면 적어 보세요. ■

제4과
복습문제

1. “유대인의 나은 점”(롬 3:1)은 그들에게 (   )이 맡겨진 것이다.

2. 『모두가 탈선하여 함께 무익하게 되었으며 선을 행하는 자가 없으니 없도다, 한 사람도 없도다』(롬 3:12). 이처럼 인간은 철저히 타락했다 해도 하나님의 복음에 반응할 수 있는 (   )까지 타락한 것은 아니다.

3. 예수 그리스도를 믿음으로 인해 주어지는 “하나님의 의”는(롬 3:21,22) “택함받은 사람들”에게만 주어지는 “차별적인 의”이다. (O , X)

4. 『그리스도 예수 안에 있는 구속을 통하여 그의 은혜로 (   ) 의롭게 되었음이라』(롬 3:24).

5. 『하나님께서는 그의 피를 믿는 믿음을 통하여 그를 화목제물로 세우셨으니 이는 하나님의 오래 참으심 가운데서 이전에 지은 죄들을 (   )으로 인하여 그의 의를 선포하려 하심이요』(롬 3:25).

6. 아브라함의 구원과 그리스도인의 구원은 정확하게 똑같다. (O , X)

■ 복습 문제의 정답은 홈페이지(www.solomonbtc.org)에서 확인할 수 있습니다.

NOTES

제5과

의롭게 되는 길, "오직 믿음으로!"(4장)

『행함이 없어도 불경건한 자를 의롭다 하시는 그분을 믿는 사람에게는 그의 믿음이 의로 여겨지느니라』(롬 4:5).

하나님의 복음과 믿음으로 의롭게 됨(4장)

1. 믿음으로 의롭게 됨의 예시와 설명(1-8절)

1) 의로 여겨진 아브라함의 믿음

『그러면 우리의 조상 아브라함이 육신에 관하여 무엇을 얻었다고 말할 수 있으리요? 만일 아브라함이 행위로써 의롭게 되었다면 그에게 자랑할 것이 있겠지만 하나님 앞에서는 없느니라』(1,2절).

(1) 사도 바울이 하고자 하는 말은, 아브라함은 행위로써 의롭게 되지 않았다는 것이다. 앞에서 설명하였듯이, 아브라함의 구원과 신약 교회 시대의 구원은 같지 않다. 그러나 "믿음이 의로 여겨진다"는 그 점에 있어서 일치하기 때문에 바울은 아브라함의 예를 들었다. **『성경이 무엇이라고 말하고 있느냐? 아브라함이 하나님을 믿었더니 그것이 그에게 의로 여겨졌느니라』**(3절).

(2) 반면에, 야고보서는 **『그가 행함으로 말미암아 의롭게 되지 아니하였느냐?』**라고 물음으로써 의롭게 하심에 있어서 행위가 작용했음을 말하고 있다(약 2:21).

(3) 이러한 차이는, 두 사도가 아브라함의 생애 중 서로 다른 사건을 인용하는 가운데 서로 다른 경륜에서의 구원의 교리를 예증하려 하는 데서 생겨난다.

❶ 창세기 15장에서 아브라함은 약속을 주신 하나님 앞에서 이렇다 할 행위가 없었지만, 하나님께서는 약속을 믿는 아브라함의

믿음을 의로 여겨 주셨다.

❷ 시간이 흘러 <u>창세기 22장에서</u> 아브라함은 그의 독자 이삭을 드리는 사건을 통해 그의 믿음과 의를 증명했다(창 22:2,8,10-12). 그래서 하나님께서는 그의 믿음을 증명한 "행위"를 놓고 그를 의롭다고 선언하신 것이다.

❸ 야고보서는 교리적으로 대환란을(계 12:17) 통과하는 이스라엘의 열두 지파에게 쓴 서신이다(약 1:1). 야고보서는 아브라함이 『**행위로 말미암아 의롭게**』 되었다고 말씀하는데, 곧 아브라함은 자신이 어떤 종류의 믿음을 가졌는지를 보여 준 바로 그 행위를 통해 의롭게 된 것이다(약 2:18,22,24).

요컨대, 사도 바울은 교회 시대의 의롭게 됨의 교리를 증명하기 위해서 아브라함의 믿음이 행위가 없이 의로 여겨진 창세기 15장을 인용했다. 반면에 사도 야고보는 믿음뿐만 아니라 행위가 수반되어야 하는 대환란에서의 교리를 증명하기 위해 아브라함의 믿음이 행위로 입증된 창세기 22장을 인용한 것이다.

2) 행함이 없어도 의로 여겨짐

『이제 일하는 사람에게는 그 보수가 은혜로 여겨지지 않고 빚으로 여겨지지만, 행함이 없어도 불경건한 자를 의롭다 하시는 그분을 믿는 사람에게는 그의 믿음이 의로 여겨지느니라』(4,5절).

(1) 만약 우리가 하늘나라에 가기 위해 행위로 열심히 노력해야 한다면,

하늘나라에 가는 것은 일종의 『**보수**』(reward)가 된다.

➠ 그러면 하늘나라에 가는 것이 "합당하지 않은 자"에게 주시는 "<u>**은혜**</u>"가 될 수 없다.

(2) 또한 하늘나라에 가는 것이 행함으로 인한 것이라면 그것은 하나님께서 우리에게 반드시 주셔야 할 일종의 『**빚**』이 된다.

➠ 우리의 구원은 결코 그런 것이 아니다. 오히려 "죄의 빚"만 잔뜩 지고 있던 우리 각인의 죗값을 예수 그리스도께서 그분 자신의 몸값을 통해 갚아 주셨다. 또한 하나님께서는 우리의 계좌에 흠 없이 완전한 그분의 의를 주셔서 그 사실을 믿는 우리의 믿음을 의로 여겨 주시고 우리를 의롭다고 선언하셨다!

3) 행함이 없어도 죄를 인정하지 않으심

『행함이 없어도 하나님께서 의롭다고 여기시는 사람의 복에 관하여 다윗도 말하였으니 말하기를 "죄악들이 용서받고 죄들이 가려진 사람들은 복이 있고 주께서 죄를 인정하지 아니하실 사람은 복이 있도다."라고 하였느니라』(6-8절).

(1) 바울은 "전가"(Imputation)의 두 번째 예를 들고 있다. 바울은 믿음이 의로 여겨진다는 진리를 말하기 위해 아브라함의 예를 들었고, 예수 그리스도를 믿는 죄인의 죄가 인정되지 않는다는 예를 들기 위해서 다윗의 말을 인용하고 있다(시 32:1,2 a).

(2) 다윗은 그가 지은 간음과(레 20:10) 살인이(민 35:31) 율법에 따라 속죄제가 없는 죄였으므로 반드시 죽어야 마땅했다(시 51:16). 그러나 하나님께서는 그의 죄를 제하셨고(삼하 12:13), 구원을 잃어버리지 않는 사례에 속하게 하셨다(시 51:12).

(3) 『**주께서 죄를 인정하지 아니하실 사람**』(8절)은 누구인가? 우선 구약의 이스라엘 민족을 들 수 있다. 주 하나님께서는 그들을 민족적인 차원에서 "아들"로 받아들이셨고(출 4:22,23), 이방 민족 앞에서 그들의 죄를 인정하지 않으셨다(미 6:5, 민 23:19-21).

(4) **문맥적으로 볼 때 하나님께서는 예수 그리스도를 구주로 믿는 사람들의 죄를 인정하지 않으신다. 왜냐하면 그들이 예수 그리스도를 통하여 영원한 속죄와 완전한 의를 받았기 때문이다.**

2. 할례와 관계없는 의롭게 됨(9-12절)

> 『그러면 이러한 복이 할례자에게만이냐? 아니면 무할례자에게도냐? 이는 우리가 말하기를 "아브라함에게는 믿음이 의로 여겨졌노라."고 했음이라. 그렇다면 그것이 어떻게 여겨졌느냐? 그가 할례 때였느냐? 아니면 무할례 때였느냐? 할례 때가 아니라 무할례 때였느니라』(9,10절).

➠ 『**이러한 복**』은 전가된 의의 복을 말한다. 예수 그리스도를 자신의 개인적인 구주로 믿는 사람의 죄를 인정하시지 않고 그 믿음을 의로 여기심은, 유대인들과 이방인들에게 똑같이 적용된다. 이 진리를 증명하기 위해서 아브라함의 믿음이 의로 여겨진 시기가 무할례 때였음을 강조하고 있다.

성경에서 "할례"는 무엇이고, 또 성경적으로 어떤 의미가 있는지 써 보세요. [피터 럭크만의 주석서 〈창세기 I〉, 창세기 17:9-14의 주석 참조]

➠ ______________________________

____

____

3. 율법과 관계없이 의롭게 됨(13절)

➡ 아브라함의 믿음이 의로 여겨진 것은 율법이 있기 전이었다. 『**아브라함이 세상의 상속자가 되리라고 하신 약속은 아브라함이나 그의 씨에게 율법을 통하여 하신 것이 아니요, 믿음의 의를 통하여 하신 것이니라**』(13절).

1) 아브라함은 창세기 17:4에서 『**너는 많은 민족들의 아비가 되리라.**』라는 약속을 받았다. 또한 하나님께서는 "아브라함의 언약"에 따라 카나안 땅을 그와 그의 씨에게 주셨다. 이것은 유대인이신 주 예수 그리스도께서 천년왕국에서 통치하심으로써 이루어진다.

2) 하나님께서는 아브라함에게 그 땅을 영원한 소유로 주겠다고 말씀하셨다(창 17:4-8). 그러므로 **땅에** 대한 약속은 천년왕국에서 끝날 수 없다. 따라서 아브라함의 물리적인 자손인 유대인들은 영원시대에 "새 땅"을 상속받게 된다.

"아브라함의 언약"이 무엇이고, 이스라엘 백성에게 어떤 의미가 있는지 써 보세요. [이송오 목사의 책 〈열린 성경 닫힌 마음〉, pp. 41-45 참조]

➡

4. 율법이 없는 곳에는 범법도 없음

1) 아브라함에게 주신 하나님의 약속은 율법 이전에 주어졌다. 만약 율법

아래서 주어졌다면 행위로 그것을 받아야 했기 때문에 믿음은 헛되게 되고 그 약속은 효력을 잃는다.

➠ **『만일 율법에 속한 자들이 상속자라면 믿음은 헛되게 되고 그 약속은 무효가 되느니라. 율법은 진노를 일으키나니 율법이 없는 곳에는 범법도 없느니라』**(14,15절).

2) 위의 15절은 매우 중대한 구절이다. 로마서 2:15; 5:13, 신명기 1:39과 함께, **율법이 없는 곳에서 혹은 선과 악의 지식이 없는 경우에, 하나님께서 어떻게 사람을 다루시는지 보여 주는 구절이기 때문이다**.

(1) 선천적인 장애로 양심과 이성을 쓸 수 없는 사람들에게 하나님께서는 죄를 묻지 않으신다.

(2) 율법이 없는 상황에서라도 양심과 이성이 율법의 역할을 하기에 아이가 선과 악의 지식을 갖게 되면 그는 구원을 받아야만 한다.

(3) 율법과 복음이 없는 상황이라도 정상적인 양심과 이성이 있는 이들에게는 행위에 따른 하나님의 심판이 있다(롬 2:12,16).

5. 모든 구원받은 유대인과 이방인의 영적 조상인 아브라함(16-25절)

1) **아브라함이 할례를 받기 전에 그 약속을 받았고, 또 그의 믿음이 의로 여겨졌기 때문에, 그 약속은 율법 아래의 유대인들뿐만 아니라 이방인들을 포함한 모든 씨에게 확고한 약속으로 주어진다. 그러므로 아브라함은 모든 구원받은 유대인들과 이방인들의 영적 조상이 된다**. **『그는 우리 모두의 아비라』**(16절).

2) 아브라함은 **『소망이 없는데도 소망 가운데서』** 믿었다(18절). 아브라함

도, 그의 아내도 인간의 생식 능력의 측면에서 볼 때 『**죽은 자들**』이었다.

➠ 아브라함은 하나님의 약속을 받은 이후 불가능한 현실에 억눌려 믿음이 약해지지 않았고, 오히려 생각의 변화를 받아 하나님께서 말씀하신 약속을 "있는 그대로" 이루어질 것으로 "여기는" 믿음을 구사했다. 『**죽은 것으로 생각지 아니하고... 죽은 것으로 생각지 아니하였느니라**』(19절, cf. 롬 6:11).

3) 아브라함은 『**믿음 없음으로 인하여 하나님의 약속을 의심하지 아니하였고 오히려 믿음에 견고하여져서 하나님께 영광을**』 돌리기까지 했다(20절). 또한 아브라함은 좌우 앞뒤로 흔들리거나 의심하지 않고 확고한 믿음을 발휘했다. 『**이루실 것이라고 확신하였느니라**』(21절).

『그러므로 그에게는 믿음이 의로 여겨졌느니라. 이제 그에게 *의로* 여겨졌다고 기록된 것은 아브라함만을 위한 것이 아니요, 의롭다고 여김을 받을 우리들 때문이기도 하니 곧 예수 우리 주를 죽은 자들로부터 살리신 그분을 믿는 자들이라』(22-24절).

아브라함의 믿음을 통해 배울 수 있는 교훈은 무엇인지 써 보세요

➠ ______________________________

____

4) <u>구원에 있어서 아브라함의 구원과 그리스도인의 구원은 다르다</u>.

(1) 그리스도인의 죄들은 예수 그리스도의 보혈로 제거되었지만(요 1:29) 아브라함의 죄들은 제거되지 않았다(히 10:4).

(2) 그러나 사도 바울은 아브라함의 경우를 예표적으로 적용하면서 그리스도인이 예수 그리스도를 믿을 때 하나님께서 그 믿음을 의로 여겨 주시며 동시에 의롭다고 선포하심을 증명한 것이다. 예수 그리스도를 구주로 믿는 그 순간 그리스도인에게는 예수 그리스도의 의가 주어지고, 그리스도인은 그 믿음이 의로 여겨지며, 또한 의롭게 된다.

(3) 그리스도인은 구약 시대의 아브라함처럼 그 믿음이 의로 여겨짐을 받은 이후에 행위로 그 믿음을 입증함으로써 의롭게 될 필요가 없다. 구원에 관한 한 우리는 모두 단번에 영원히 하나님의 아들들이 되었음을 확정받은 것이다. 이렇게 "의로 여겨짐"과 "의롭게 됨"의 근거는 어디에 있는가? **『예수께서는 우리의 범죄함을 인하여 드려지셨고 우리의 의롭게 하심을 위하여 다시 일으켜지셨느니라』**(25절).

<로마서에 나타난 의롭게 됨의 교리>

교회 시대의 그리스도인들은 ❶ 하나님의 은혜로(롬 3:24), ❷ 율법의 행위가 없이(롬 3:28), ❸ 오직 믿음으로(롬 5:1), ❹ 예수 그리스도의 피로(롬 5:9) 의롭게 되었으며, 이는 주 예수 그리스도를 통한 하나님의 값없는 선물이다(롬 5:16,18). 이처럼 확실한 신약의 의롭게 됨의 교리에 행위를 더하는 것은 저주받을 『다른 복음』(갈 1:6-9)을 유포시키는 행위이며, 그런 자들이 바로 이단이다!

■ 새롭게 깨달았거나 적용할 내용이 있다면 적어 보세요. ■

제5과
복습문제

1. 로마서 4장에서 아브라함의 믿음이 의로 여겨진 부분과 야고보서 2장에서 의롭게 된 부분이 모순처럼 보이는 이유는, 이 두 본문이 서로 다른 경륜 아래에서의 구원의 교리들을 증명하기 위해 아브라함의 생애에서 서로 다른 사건을 인용하고 있기 때문이다. 즉 로마서 4장은 창세기 (　　　　　)장을, 야고보서 2장은 창세기 (　　　　　)장의 서로 다른 사건을 언급하고 있는 것이다.

2. 『율법이 없는 곳에는 범법도 없느니라.』(롬 4:15)라는 말씀을 통해 우리는 하나님께서 율법 혹은 (　　　　　　　)의 지식이 없는 경우에 어떻게 사람을 다루시는지 알 수 있다.

3. 예수님의 죽으심과 부활의 의미는 『예수께서는 우리의 범죄함을 인하여 드려지셨고 우리의 (　　　　　　　) 하심을 위하여 다시 일으켜지셨느니라.』(롬 4:25)라는 구절로 정리할 수 있다.

4. 로마서에 나타난 "의롭게 됨의 교리"를 요약할 때, 다음 괄호에 들어갈 적절한 단어들을 차례대로 써넣으시오. "교회 시대의 그리스도인들은 ❶ 하나님의 (　　　　　　　)로, ❷ (　　　　　　　)의 행위가 없이, ❸ 오직 (　　　　　　), ❹ 예수 그리스도의 (　　　　)로 의롭게 되었으며, 이는 주 예수 그리스도를 통한 하나님의 (　　　　　　　)이다(롬 5:16,18).

5. 다음은 로마서 3,4장에서 "교리적인 핵심"을 이루는 구절들이다. 두 구절에 공통으로 들어갈 알맞은 단어를 써넣으시오. 『그러므로 우리는 사람이 율법의 행위들이 없이 (　　　　　　)으로 의롭게 된다고 단정하노라』(롬 3:26). 『행함이 없어도 불경건한 자를 의롭다 하시는 그분을 믿는 사람에게는 그의 (　　　　　　)이 의로 여겨지느니라』(롬 4:5).

■ 복습 문제의 정답은 홈페이지(www.solomonbtc.org)에서 확인할 수 있습니다.

■ 새롭게 깨달았거나 적용할 내용이 있다면 적어 보세요. ■

NOTES

제6과
아담과 예수 그리스도의 비교(5장)

『그러므로 우리가 믿음으로 의롭게 되었으니 우리 주 예수 그리스도를 통하여 하나님과 화평을 갖느니라』(롬 5:1).

하나님의 의

"하나님의 의"이신 "예수 그리스도"를 받아들인 사람은 하나님께서 의롭다고 여겨 주시며, 또한 동시에 의롭게 된다. 그렇다면 의롭게 된 다음에 의롭게 된 그 의인에게 일어나는 변화는 무엇인가?

의롭게 된 사람은 현재 하나님과 화평을 갖게 되며, 하나님께 믿음으로 나아갈 수 있게 되고, 영광의 소망 안에서 기뻐할 수 있게 된다. 또한 환난 중에도 즐거워할 수 있고, 그 환난을 통하여 연단을 받고 영적인 성숙을 이룰 수 있게 된다. 인내와 연단을 통해 성숙해진 의인은 더욱 굳건한 소망을 가지게 된다.

의롭게 된 사람은 장차 하나님의 진노로부터 구원받게 되며, 몸이 변화되어 예수 그리스도와 같은 영광스러운 몸을 입게 된다. 이러한 것들이 바로 "하나님의 의"를 받아들인 사람들에게 주어지는 "은혜"인 것이다.

"자기 의"와 "하나님의 의"의 차이점은 무엇일까요? 또한 그렇게 생각한 이유가 무엇인지 써 보세요.

➡

의롭게 됨의 결과(1-11절)

1. 우리는 하나님과 화평을 갖는다.

➠ 이전에는 하나님과 적대 관계에 있었던 원수들이자 죄인들이었는데, 주 예수 그리스도로 말미암는 "완전한 속죄"와 "의의 전가"와 "의롭게 됨"으로 인해 우리는 하나님과의 관계에 있어서 흔들리지 않는 화평을 갖게 되었다. 『**그러므로 우리가 믿음으로 의롭게 되었으니 우리 주 예수 그리스도를 통하여 하나님과 화평을 갖느니라**』(1절).

2. 우리는 믿음으로 나아간다.

➠ 이전에는 은혜가 아니라 『하나님의 진노』가 우리 위에 머물러 있었다(요 3:36). 그러나 현재 우리는 『이 은혜』 안에 서 있다. 『이 은혜』는 포괄적으로 우리의 "구원"을 지칭하고 있다. 『**우리가 서 있는 이 은혜 안에 믿음으로 나아가며**』(2절).

3. 우리는 하나님의 영광의 소망 안에서 즐거워한다.

1) 『**하나님의 영광의 소망**』은 "하나님의 영광에 대한 소망" 또는 "하나님의 영광을 소망함"으로 설명할 수 있다. 『**하나님의 영광의 소망 안에서 즐거워하느니라**』(2절).

2) 하나님의 영광은 언제 나타나는가? 예수 그리스도의 재림 때 지상에 다

시 나타나게 된다. 성경에서 예수 그리스도의 재림은 항상 『**영광**』과 연결된다(마 16:27; 24:30; 25:31, 막 10:37, 눅 9:32, 살후 1:7-10, 벧후 1:16,17).

> 주님은 『**영광**』중에 다시 오시고, 『**영광**』의 보좌에 앉으실 것이다(마 25:31). 우리의 소망은 이러한 예수 그리스도의 재림을 기다리는 소망이고, 우리는 이 재림을 기다리면서 즐거워한다(딛 2:13, 빌 3:20). 그리스도인은 이 기쁨으로 충만해야 한다!

4. 우리는 환난 중에서도 즐거워한다.

➠ 『**이뿐만 아니라 우리가 환난 중에서도 즐거워하나니**』(3,4절). 구원받은 그리스도인은 "환난 중"에서도 즐거워할 수 있는 사람이다(고후 7:4; 11:16-31; 12:5-9). **바울은 극심한 환난을 겪으면서도 항상 미소 짓는 얼굴과 마음에 노래를 간직한 그런 그리스도인이었다.** 모든 그리스도인이 그렇게 할 수 있는 것은 우리가 가는 최종 목적지가 영원한 불못에서 영원한 하늘나라로 바뀌었기 때문이다.

> **<환난 중에도 즐거워할 수 있는 3가지 이유>**
>
> ❶ 주님을 위해 시련을 겪을 때, 우리에게 주어지는 상급이 있기 때문이다(계 2:9,10).
>
> ❷ 환난을 통해 우리는 천년왕국에서 다스릴 수 있는 유업을 얻게 되기 때문이다(행 14:22).
>
> ❸ 로마서 5장에서 말씀하는바, 그리스도인이 환난을 겪는 목적은 영적 성숙을 이루기 위함이다.

5. 우리는 환난을 통하여 영적 성숙을 이룬다.

『이뿐만 아니라 우리가 환난 중에서도 즐거워하나니 환난은 인내를 이루고 인내는 연단을, 연단은 소망을 이루는 줄 앎이라』(3,4절).

1) 『**환난은 인내를 이루고**』 ➠ 그리스도인은 환난을 겪으면서 인내를 기를 수 있다. 또한 영적 교훈들, 진실한 기도, 믿음 가운데 기다리는 것, 하나님을 향한 온전한 신뢰 등을 얻게 된다.

2) 『**인내는 연단을**』 ➠ 『**연단**』은 "경험"(experience)을 의미한다. 직업을 얻을 때도 "이 분야에 무슨 경력이 있으세요?"라는 질문을 받게 된다. 여기서 "경험"이란, 단지 뭔가를 했다는 차원의 의미가 아니고, 그 일을 할 때 수반되는 "문제들"도 겪어 보았다는 것을 뜻한다. 성도는 환난들을 인내로 견뎌내고, 여러 가지 경험들을 통해서 하나님께 유용한 도구, 곧 잘 다듬어진 도구로 빚어진다.

3) 『**연단은 소망을 이루는 줄 앎이라.**』 ➠ 『**연단**』은 성도가 주 예수 그리스도의 오심과 주 하나님과 그분께서 예비해 놓으신 것들을 소망하게 만든다. 즉 그리스도인으로서 이 땅에서 수많은 연단의 경험들을 가지게 되면, 그 연단을 통해 하늘나라를 더욱더 소망하게 되는 것이다. 그리스도인이 갖는 소망은 죄인들이 가진 것처럼 막연한 소원이 아니다. 또한 죄인들의 죄로 가득 찬 쾌락이나 탐욕적인 욕망을 성취하는 것과도 관련이 없다. 우리가 갖는 소망은 말 그대로 영원한 소망이다! 환난, 인내, 연단, 소망 등 이러한 것이 바울이 말하는 영적 성숙의 과정이다.

하나님께서는 우리의 마음속에 성령을 통해 부어 주신 "하나님의 사랑"을 "그리스도의 죽음"을 통해 우리에게 나타내셨다. 『우리가 아직 연약하였을 때 그리스도께서 때가 되어 경건치 아니한 자들을 위하여 죽으셨느니라... 우리가 아직 죄인이었을 때 그리스도께서 우리를 위하여 죽으심으로써 하나님께서는 우리를 향한 그의 사랑을 나타내셨느니라』(6-8절).

6. 우리는 소망이 부끄럽지 않게 된다.

1) 우리가 환난에 처했을 때 인내하고 연단을 쌓으면서 소망이 이루어지기를 기다릴 수 있는 것은, 바로 성령에 의하여 하나님의 사랑이 우리 마음속에 부어졌기 때문이다. 『**소망이 부끄럽지 않은 것은 우리에게 주신 성령에 의하여 하나님의 사랑이 우리 마음속에 부어졌기 때문이라**』(5절).

2) 이처럼 모든 그리스도인은 다른 사람에게 나눠 줄 하나님의 사랑을 갖고 있다(요일 4:7-13; 3:18). 이것이 그리스도인의 성숙의 목표이며, 곧 열매를 맺는 일이다. 『**이런 것들이 너희 안에 있어 풍성해지면 그것들이 너희로 우리 주 예수 그리스도에 대한 지식에 관한 한 게으르거나 열매 없는 자가 되지 않게 할 것이라**』(벧후 1:8).

7. 우리는 진노로부터 구원받는다.

『그러므로 이제 그의 피로 의롭게 되었으니 더욱더 우리가 그를 통하여 진노로부터 구원받게 되리라』(9절).

<의롭게 됨의 3가지 근거>

❶ 우리는 "하나님의 은혜"로 의롭게 되었다(롬 3:24).

❷ 우리는 "믿음"으로 의롭게 되었다(롬 5:1).

❸ 우리는 "그리스도의 보혈"로 의롭게 되었다(롬 5:9).

1) 『**진노**』라는 단어는 지옥이나 불못에 가게 됨을 말하거나(마 3:11,12; 13:40), 지상 재림에 있을 형벌에 대한 언급이거나(살전 5:2-9, 계 6:16,17; 19:15), 큰 백보좌 심판에 대한 것이다(계 11:17,18).

2) 우리가 예수님을 자신의 개인적인 구주로 믿어서 지옥에 가지 않고 하늘나라에 가게 되었다는 의미에서 혼의 구원은 이미 완성되었다.

8. 우리는 하나님과 화해하게 되었다.

➡ 우리 각자가 죄인이었다는 것은 "하나님의 원수"였다는 뜻이기도 하다. 그러나 예수 그리스도의 죽음으로 원수 관계 또는 적의가 해소되었고 하나님과 화해하게 되었다. 『**우리가 원수 되었을 때에도 그의 아들의 죽음으로 인하여 하나님과 화해하게 되었으니**』(10절).

9. 우리는 몸이 구원받게 된다.

➡ 우리는 부활하신 예수 그리스도의 생명으로 인해 우리의 죽을 몸까지도 예수 그리스도와 같은 몸으로 변화 받게 될 것이다. 『**우리는 그의 생명으로 인하여 구원받게 되리라**』(10절).

10. 우리는 속죄되었다.

➠ 우리는 의롭게 되었음과 동시에 주 예수 그리스도에 의하여 속죄를 얻었다. 『**그뿐 아니라 이제 우리로 속죄를 얻게 하신 우리 주 예수 그리스도를 통하여, 하나님 안에서 또한 즐거워하느니라**』(11절).

아담과 예수 그리스도의 대조(12-21절)

1. 사망의 원인

➠ 최초의 사람 아담에 의해서 죄가 세상으로 들어왔고, 그 죄에 의해서 사망이 왔으며, 죄성을 물려받은 사람들이 또한 죄를 지음으로써 모든 사람이 죽게 되었다. 『**이런 연유로 한 사람에 의하여 죄가 세상으로 들어오고 그 죄에 의하여 사망이 왔으니 그리하여 모든 사람이 죄를 지었으므로 사망이 모든 사람에게 전달되었느니라**』(12절).

2. 사망의 유전

『(율법이 있기 전에도 죄가 세상에 있었으나 율법이 없을 때에는 죄를 죄로 여기지 아니하였느니라. 그러나 아담으로부터 모세까지 아담의 범죄와 같은 죄를 짓지 아니한 자들 위에도 사망이 군림하였으니 아담은 오실 분의 모형이라』(13,14절).

➠ 하나님께서는 율법을 시내 산에서 모세에게 주셨다. 그러나 율법이 주어지기 전에도 죄는 있었다. 단지 율법과 양심과 이성이 작용하지 않을 때는 죄가 죄로 여겨지지 않았다. 죄를 정죄함에 있어서는 율법에 관한 지식이나 양심의 작용이 그 조건으로 고려되지만, 이미 저질러진 아담의 범죄의 결과인 사망은 죄를 알든 모르든 그러한 조건 없이 모든 사람에게 적용된다. 쉬운 예로 죄를 알지도 못하는 나이에 죽는 아기들과 어린아이들을 생각해 보라. 그것은 아담의 범죄가 얼마나 치명적인 것인지 잘 알게 해 준다. 『**네가 거기서 나는 것을 먹는 날에는 반드시 죽으리라**』(창 2:17).

3. 범죄 대 선물

➠ "범죄"는 많은 사람을 "사망, 심판, 정죄"에 이르게 하였고, "은혜로 말미암은 값없는 선물," 즉 "의의 선물"은 많은 사람을 "생명의 의롭다 하심"에 이르게 하였다(15-28절).

4. 불순종 대 순종

➠ "불순종"은 많은 사람으로 하여금 "죄인"이 되게 했고, "순종"은 많은 사람이 "의인"이 되게 만들었다. 『**한 사람의 불순종으로 인하여 많은 사람이 죄인이 된 것같이 한 사람의 순종으로 인하여 많은 사람이 의인이 되리라**』(19절).

5. 율법의 역할

➠ 율법은 세상에 얼마나 범죄가 많은가를 가르쳐 준다. 율법이 들어옴으로

써 많은 죄가 드러나게 되었고, 그럼에도 불구하고 예수 그리스도로 인한 하나님의 은혜는 이 모든 죄를 영원히 제거하고 죄인에게 완전한 의를 안겨다 준다. 우리의 죄보다 더 큰 하나님의 은혜로 인하여 하나님을 찬양해야 하는 것이다! 『**율법이 들어온 것은 범죄가 많아지게 하려는 것이라. 그러나 죄가 많아진 곳에 은혜가 더욱 넘쳤나니**』(20절).

6. 영원한 생명에 이르는 은혜

➠ 죄는 모든 사람에게 사망을 가져오지만, 은혜는 영원한 생명을 가져온다(엡 2:8,9). 누군가가 예수 그리스도를 구주로 믿으면 그는 주님의 영적인 본성을 가지게 된다. 그러나 우리의 구원이 완성될 때, 즉 주님께서 오셔서 우리의 몸까지도 변화시키실 때, 우리는 주님의 물리적인 본성도 가지게 될 것이며 영원히 죄 없는 존재로 나타날 것이다. 『**죄가 군림하여 사망에 이른 것같이 은혜도 의를 통하여 군림하여 예수 그리스도 우리 주로 인해 영원한 생명에 이르게 하려는 것이니라**』(21절).

■ 새롭게 깨달았거나 적용할 내용이 있다면 적어 보세요. ■

제6과
복습문제

1. 『그러므로 우리가 믿음으로 의롭게 되었으니 우리 주 예수 그리스도를 통하여 하나님과 ( )을 갖느니라』(롬 5:1).

2. 『또 그분으로 인하여 우리가 서 있는 이 ( ) 안에 믿음으로 나아가며 하나님의 영광의 소망 안에서 즐거워하느니라』(롬 5:2).

3. 『이뿐만 아니라 우리가 환난 중에서도 즐거워하나니 환난은 ( )를 이루고 ( )는 연단을, 연단은 소망을 이루는 줄 앎이라』(롬 5:3,4).

4. 성경은 그리스도인의 소망에 관하여 다음과 같이 말씀한다. 『소망이 부끄럽지 않은 것은 우리에게 주신 성령에 의하여 하나님의 ( )이 우리 마음속에 부어졌기 때문이라』(롬 5:5).

5. 성경은 하나님의 사랑에 관해 이렇게 말씀한다. 『우리가 아직 ( )이었을 때 그리스도께서 우리를 위하여 ( )으로써 하나님께서는 우리를 향한 그의 ( )을 나타내셨느니라.』(롬 5:8).

6. 『그러므로 이제 그의 피로 의롭게 되었으니 더욱더 우리가 그를 통하여 진노로부터 구원받게 되리라... 더욱더 화해하게 된 우리는 그의 생명으로 인하여 구원받게 되리라』(롬 5:9,10). 여기서 "구원"은 우리의 몸의 구원의 완

성과 관련이 있다. (O , X)

7. 우리는 "하나님의 은혜"와 "믿음"으로 (　　　　　　　　)로 의롭게 되었다.

8. 우리가 예수님을 자신의 개인적인 구주로 믿어서 지옥에 가지 않고 하늘나라에 가게 되었다는 의미에서 혼의 구원은 이미 완성되었다. (O , X)

9. 하나님께서는 율법을 시내 산에서 모세에게 주셨다. 그러나 그 전에도 율법은 없었지만 죄는 있었다. 율법과 양심과 이성이 작용하지 않을 때는 죄가 죄로 여겨지지 않았다. (O , X)

10. 『한 사람의 (　　　　　　)으로 인하여 많은 사람이 (　　　　　　)이 된 것같이 한 사람의 (　　　　　　)으로 인하여 많은 사람이 (　　　　　　)이 되리라』(롬 5:19)

11. 율법은 세상에 얼마나 범죄가 많은가를 가르쳐 준다. (O , X)

12. 『죄가 군림하여 사망에 이른 것같이 (　　　　)도 (　　　　)를 통하여 군림하여 예수 그리스도 우리 주로 인해 (　　　　　　　)에 이르게 하려는 것이니라』(롬 5:21).

■ 복습 문제의 정답은 홈페이지(www.solomonbtc.org)에서 확인할 수 있습니다.

NOTES

NOTES

제7과
그리스도와의 연합과 죄에 대한 승리(6장)

『우리가 이것을 아나니 곧 우리 옛 사람이 그와 함께 십자가에 못박힌 것은 죄의 몸을 멸하여 더 이상 우리가 죄에게 종 노릇 하지 않게 하기 위함이니라』(롬 6:6).

하나님의 선물

『**이는 죄의 삯은 사망이요, 하나님의 선물은 예수 그리스도 우리 주로 말미암은 영원한 생명이기 때문이라**』(롬 6:23). "선물"은 대가를 받지 않고 타인에게 주는 가치 있는 물건으로서 전해 주는 사람의 마음을 담고 있다. 하나님께서는 "영원한 생명"이라는 선물을 모든 인류에게 주셨는데, 이 선물은 하나님께서 모든 인류를 향해 갖고 계신 하나님의 마음을 담고 있는 선물이다. 하나님께서는 모든 인류를 너무나도 사랑하셔서 "아들의 죽음"이라는 값을 치르고 사신 선물을 우리에게 주셨다. 많은 가치 있는 선물들이 있을 수 있으나, 이 선물이야말로 사망의 굴레에서 스스로 벗어날 수 없는 인류에게 가장 좋은 선물이다. 선물을 받은 사람들은 보통 선물을 준 사람에게 어떤 보답을 할 것인가에 대해 생각한다. 여러분은 하나님께 어떤 보답을 하려고 하는가?

지금껏 받았던 선물 중에서 어떤 선물이 가장 기억에 남았습니까? 또한 그렇게 생각한 이유가 무엇인지 써 보세요.

➡

예수 그리스도와의 연합(1-10절)

1. 죄에게 죽은 우리는 더 이상 죄 가운데 살아서는 안 된다.

1) 많은 용서를 통해 은혜가 넘치게 하려고 죄를 계속 짓는 삶을 살아야 하겠는가? 『**결코 그럴 수 없느니라. 죄에게 죽은 우리가 어떻게 더 이상 그 가운데 살겠느냐?**』(2절)

2) 예수 그리스도께서 우리를 위해 죽으신 것은 우리로 하여금 죄에게 죽게 하시기 위함이다. 『**예수 그리스도 안으로 침례받은 우리가 그의 죽으심 안으로 침례받은 것을 알지 못하느냐?**』(3절)

> 본문의 침례는 영적인 침례로서 우리로 하여금 "그리스도 안으로," 즉 "그리스도의 몸 안으로" 들어가서 주 예수 그리스도께서 이루신 일들에 영적으로 동참케 하는 침례다.

3) 예수 그리스도께서 부활하신 것과 같이 우리도 생명의 새로움 가운데서 하나님의 뜻을 행하는 삶을 살아야 한다. 『**그러므로 우리가 죽음 안으로 침례를 받아 그와 함께 장사되었으니 이는 아버지의 영광으로 인하여 그리스도께서 죽은 자들로부터 일으켜지심과 같이 우리도 또한 생명의 새로움 가운데서 행하게 하려 함이니라**』(4절).

➡ 『**내가 그리스도와 함께 십자가에 못박혀 있으나 그럼에도 나는 살아 있노라. 그러나 내가 사는 것이 아니요, 그리스도께서 내 안에 사시는 것이라**』(갈 2:20).

4) 우리가 우리 주 예수 그리스도의 죽으심에 동참했다면, 단지 영적인 부활만 경험하는 것이 아니라 실제적인 몸의 부활도 경험하게 된다. **『만일 우리가 그의 죽으심의 모양으로 함께 심겨졌다면 또한 그의 부활하심의 모양과 같이 되리라』**(5절).

➠ **『그가 만물을 자신에게 복종시키는 그 능력의 역사로 인하여 우리의 천한 몸을 그분의 영광스러운 몸같이 변모시키시리라』**(빌 3:21, cf. 고전 15:51-58, 살전 4:14-18).

2. 십자가에 못 박힌 우리의 옛사람

1) **『우리 옛 사람』**은 죄짓고 마귀를 따르고 불순종하는 죄인인 아담의 본성, 즉 육신적인 자아를 말한다. **『우리 옛 사람』**은 **『죄』**에게 종노릇하며 **『죄의 몸』**을 통해 범죄한다. 하나님께서는 우리 옛 사람이 예수 그리스도와 함께 못 박히게 하심으로써, 예수 그리스도와 하나가 된 새 사람인 "내"가 이제 죄에 종노릇하지 않고 그 몸도 죄의 몸으로 쓰지 않아도 되게 만드셨다. **『우리가 이것을 아나니 곧 우리 옛 사람이 그와 함께 십자가에 못 박힌 것은 죄의 몸을 멸하여 더 이상 우리가 죄에게 종노릇 하지 않게 하기 위함이니라』**(6절).

2) 죽은 자는 죄를 짓지 않는다. **『이는 죽은 자가 죄로부터 자유롭게 되었기 때문이라』**(7절).

3) 우리는 그리스도와 동일한 죽음과 부활을 겪게 된다. 그리스도의 부활은 사망에 대한 완전한 승리였다(8절). 그리스도의 죽으심은 **『죄에게 단번에 죽으심』**이요, 그리스도의 사심은 **『하나님께 사심』**이다(10절).

죄를 극복하는 삶의 비결(11-13절)

1. 죄에게 죽은 자로 여기라.

1) 하나님께서 보시는 관점에서 우리는 『**죄에게는 죽은 자**』이며, 『**하나님께는 산 자**』이다. **우리가 해야 할 일은 우리도 우리 자신을 죄에게는 죽은 자요, 하나님께는 산 자로 여기는 것이다**. 이것은 단순히 추상적인 관념으로 하시는 말씀이 아니라, 철저한 자기 인식의 변화를 요구하시는 하나님의 명령이다.

➡ 『**이와 같이 너희도 너희 자신을 정녕 죄에게는 죽은 자요, 예수 그리스도도 우리 주로 말미암아 하나님께는 산 자로 여기라**』(11절).

2) 이렇게 할 때 실제적으로 죄로부터 자유롭게 되고 『**그의 부활의 능력**』으로(빌 3:10) 승리의 삶을 살 수 있게 된다. 승리의 삶을 살려면 다음의 세 가지가 필요하다.

(1) **자신 안에 두 사람, 즉 옛 사람과 새 사람이 존재하며, 그 둘이 주도권을 잡기 위해 그 안에서 싸우고 있다는 사실을 기억해야 한다**.

(2) **옛 사람, 곧 육신을 죽은 것으로 여겨야 한다**.

(3) **오직 새 사람이 자신을 통해 산다는 진리를 믿고 그렇게 여겨야 한다(고후 4:14,16,18)**.

2. 죄에게 순종하지 말라.

➡ "죄가 너희 죽을 몸 안에서 군림하지 못하게 하라!" "죄에게 순종하지 말

라." 이것은 하나님의 명령이다. 또한 이것은 우리가 예수 그리스도와 함께 죄에 대해 죽었다는 진리로 인해 가능해졌다. **『그러므로 너희는 죄가 너희 죽을 몸 안에서 군림하지 못하게 하여 몸의 정욕 가운데 죄에게 순종하지 말고』**(12절).

3. 지체를 하나님께 의의 병기로 드리라.

1) 자기 지체를 죄에게 내어주지 말라. **『또 너희 지체를 불의의 병기로 죄에게 내어 주지 말고』**(13절).

지체를 사용하는 일에는 "중립 지대"가 없다. "의의 병기"로 사용하지 않으면 "불의의 병기"로 사용하게 되는 것이다.

2) **『다만 너희 자신을 죽은 자들로부터 살아난 자들처럼 하나님께 드리며 너희 지체를 의의 병기로 하나님께 드리라』**(13절). 누구든지 "하나님"께 다가가면 갈수록 "죄"와는 멀어지게 되어 있다. "하나님"께서 원하시는 일을 하면 "죄"를 짓지 않게 된다(약 4:7,8).

의의 종으로 살라!(14-23절)

1. 그리스도인에게는 죄를 패배시킬 수 있는 합법적인 근거가 주어져 있다.

➡ **『죄가 너희를 주관하지 못하리니』**(14절). 모든 그리스도인을 위한 "하

나님의 선언"이다. "**죄가 너희를 주관하지 못하리라!**" 이제 우리에게는 죄를 패배시킬 수 있는 합법적인 근거가 주어져 있다.

2. 그리스도인은 그 합법적인 근거로 얻은 자유를 오용하지 않는다.

『은혜 아래 있으니 죄를 지어도 된다는 말이냐? 결코 그럴 수 없느니라』(15절).

1) 그리스도인은 은혜 안에서의 자유를 육신과 죄를 위한 계기로 삼지 않고 하나님을 기쁘게 섬길 계기로 삼는다. 구원은 결코 죄를 지을 수 있는 면허를 주는 것이 아니다. 은혜가 죄를 용납하는 근거가 될 수 있는가? 성경은 『**결코 그럴 수 없느니라.**』라고 말씀하고 있다.

2) 구원받은 그리스도인이 올바른 삶을 사는 동기는 단지 하나님의 법을 지키지 않으면 벌을 받지나 않을까 하는 두려움이 아니다. 구원받은 그리스도인의 삶의 동기는 오직 주 예수 그리스도에 대한 사랑이 되어야 한다. 자신을 구원해 주신 주님을 사랑하기 때문에 올바로 행하는 것이다(요 14:15). 이 사랑이 느슨해지면 육신적으로 살게 되고, "그리스도의 심판석"에서 상과 유업을 놓치게 된다. 『**자유롭게 행하되 너희의 자유를 악의 구실로 사용하지 말고 하나님의 종들로서 사용하라**』(벧전 2:16, cf. 마 22:37-39, 눅 10:27).

3) 그리스도인이 죄를 짓고 불의를 행할 때, 그 그리스도인은 자신에게 영원한 사랑을 베푸신 주님의 마음을 슬프시게 하고 자신의 마음 또한 아프게 하는 것이 된다.

<섬김의 목적>

우리의 "섬김"의 목적은 구원을 받거나 유지하기 위함이 아니다. 다만 구원받았기 때문에 사랑으로 하나님을 섬겨서 하나님을 영화롭게 하기 위함이다. 행위로는 구원받을 수도 구원을 유지할 수도 없다. 또한 구원받지 못한 사람들의 행위는 그 어떤 행위라도 "섬김"이 될 수 없으며, 하나님을 영화롭게 할 수도 없다.

3. 누구든지 자기가 순종하는 자의 종이 된다.

『너희가 자신을 종으로 드려 누구에게 순종하든지 너희가 순종하는 자의 종이 되어 죄의 종으로 사망에 이르든지 혹은 순종의 종으로 의에 이르는 줄 알지 못하느냐?』(16절)

1) 진리는 간단하다. 성경은 여기서 매우 단순한 비유를 든다. 우리가 누군가에게 순종하면 그 사람의 종이 되듯이, 죄에게 순종하면 죄의 종이 되어 사망에 이른다.

2) 여기서 "죄"가 의인화되어 있는데, 하나의 인격체로 보자면 죄는 사악한 불한당이고 무법자이며 독재자이다. 죄에게 순종하는 순간부터 죄는 우리의 삶을 황폐화시키고 짓밟고 혼란스럽게 만들고 그 지배를 존속하기 위해 우리를 무력하게 만든다.

3) 그러나 우리에게는 죄를 주관하고 다스릴 수 있는 능력이 있다. 우리가 죄를 주관하고 다스리지 않는다면, 죄가 우리를 다스리고 통치하여 결국 죽음에 이르게 할 것이다(롬 8:13; 6:23).

4. 우리는 죄의 종에서 의의 종으로 그 소속이 바뀌었다.

『하나님께 감사드리는 것은 너희가 죄의 종이었으나 너희에게 전하여 준 교리의 본을 마음으로부터 순종하여 죄에서 해방되어 의의 종이 되었음이라』(17,18절).

1) 우리가 복음을 믿고 구원받았을 때(롬 1:5, 10:9,10) 우리는 『**죄의 종**』에서 『**의의 종**』이 되었다.

2) 『**의의 종**』이라는 위치는 주 예수 그리스도 안에서 이루어진 교리적인 진리이며 변치 않는 우리의 위치이다.

5. 우리가 소속되어 있는 그 위치에 합당한 삶을 살라.

『너희의 육신이 연약하므로 내가 사람의 방식대로 말하노니 전에는 너희가 너희 지체를 부정과 불법의 종으로 내어주어 불법에 이른 것같이 이제는 너희 지체를 의의 종으로 드려 거룩함에 이르라』(19절).

1) 18절은 교리적인 진리를 말하며, 19절은 이 진리를 매일 적용하는 것에 대해 말하고 있다. 실행도 진리만큼 소중하다.

2) 구원받기 전에는 죄의 종으로 살면서 범죄했고 마귀적으로 살면서 사망으로 나아갔다. 그것은 『**죄의 종**』으로서 너무나 자연스러운 삶이었다. 구원받지 못한 사람 중에는 "자기 의"에 도취되어 자신이 『**죄의 종**』이

아닌 것처럼 생각하는 사람들이 있으나 그것은 "자기기만"에 불과하다. **『너희가 죄의 종이었을 때에는 의로부터는 자유로웠느니라. 그런즉 너희가 지금 부끄럽게 여기는 그 일들에서 그때에 무슨 열매를 얻었느냐? 그런 일들의 끝은 사망이니라』**(20,21절).

3) 이제 우리의 정체성이 『**죄의 종**』에서 『**의의 종**』으로 바뀐 이상, 우리의 지체를 『**의의 종**』으로 드려 거룩함에 이르라고 권면하는 것이다. **『그러나 이제는 너희가 죄로부터 자유롭게 되고 하나님의 종이 되어 거룩함에 이르는 열매를 얻었으니 그 끝은 영생이니라』**(22절).

4) 『**의의 종**』이 지니는 영생의 근거는 『**예수 그리스도 우리 주**』이시다. **『이는 죄의 삯은 사망이요, 하나님의 선물은 예수 그리스도 우리 주로 말미암은 영원한 생명이기 때문이라』**(23절).

(1) 문맥상 그리스도인에게 주는 권면 속에서 하신 말씀이다. 다시 말해 구원받은 성도는 하나님의 은혜로 영원한 생명을 선물로 받았지만, 그 역시 육신을 따라 살고 죄에게 순종하며 산다면 그러한 삶은 사망이라는 열매를 가져온다는 말씀인 것이다(고전 11:30-32).

(2) 이 구절의 『**사망**』을 구원받지 못한 죄인이 겪는 둘째 사망, 곧 영원한 사망에도 적용할 수 있다.

➠ 결코 죄를 가볍게 여기지 말라. 하나님께서는 『**범죄하는 혼은 죽으리라.**』(겔 18:4)라고 말씀하셨다. 또한 『**범죄하고 그리스도의 교리 안에 거하지 아니하는 자마다 하나님이 없으나, 그리스도의 교리 안에 거하는 그 사람은 아버지와 아들이 있는 자니라.**』(요이 1:9)라는 말씀을 기억하라. 구원받은 그리스도인은 물론 죄를 지어도 지옥에 가지 않는다. 그러나 죄를 지은 그 결과는 심각하다

는 사실을 잊지 말라.

<로마서 6장의 핵심 내용>

1. 우리가 주 예수 그리스도 안으로 침례를 받아 그리스도 안에 있게 되었으므로, 예수 그리스도께서 이루신 일들은 우리 자신에게도 해당된다.
   ① 우리의 옛 사람은 주 예수 그리스도와 함께 십자가에 못 박혀 죽었다. 죄에 대해, 율법에 대해(롬 7:4) 그리고 세상에 대해 죽은 것이다(갈 6:14).
   ② 우리는 주 예수 그리스도와 함께 장사되었다.
   ③ 우리는 주 예수 그리스도와 함께 부활했다. 그리고 하나님께 대해서만 살아 있다. 죄가 주관하지 못한다. 은혜 아래 있고, 의의 종이 되었다.
2. 승리하는 생활을 하기 위해 "세 가지 동사"를 기억하고 실천해야 한다.
   ① 주 예수 그리스도 안에서 이러한 진리들이 자신에게 적용됨을 "알라!"(6절)
   ② 실제로 자신을 죄에게는 죽고 하나님께만 산 자로 "여기라!"(11절)
   ③ 이제 의의 종, 곧 하나님의 종이 되었으므로 자신의 지체를 의의 병기로 "드리라!"(13,19절)

■ 새롭게 깨달았거나 적용할 내용이 있다면 적어 보세요. ■

제7과
복습문제

1. 『예수 그리스도 안으로 (   )받은 우리가 그의 죽으심 안으로 (   )받은 것을 알지 못하느냐?』(롬 6:3)

2. 우리가 예수 그리스도 안으로 침례를 받았다는 말은 구원받고 나서 받는 물 침례를 의미한다(롬 6:3). (O , X)

3. 『만일 우리가 그의 (   )의 모양으로 함께 심겨졌다면 또한 그의 (   )의 모양과 같이 되리라』(롬 6:5).

4. 『우리 옛 사람』은 아담의 후손들인 우리 모두가 공유하고 있는 우리의 육신적인 자아를 가리킨다(롬 6:6). (O , X)

5. 『이는 죽은 자가 (   )로부터 자유롭게 되었기 때문이라』(롬 6:7).

6. 우리는 그리스도와 동일한 죽음과 부활을 겪게 된다. 그리스도의 부활은 사망에 대한 완전한 승리였다. (O , X)

7. 우리의 "섬김"의 목적은 구원을 유지하기 위함이다. (O , X)

8. 『이와 같이 너희도 너희 자신을 정녕 (   )에게는 죽은 자요, 예수 그리

스도 우리 주로 말미암아 (   )께는 산 자로 여기라』(롬 6:10,11).

9. 『또 너희 지체를 (   )의 병기로 죄에게 내어주지 말고 다만 너희 자신을 죽은 자들로부터 살아난 자들처럼 하나님께 드리며 너희 지체를 (   )의 병기로 하나님께 드리라』(롬 6:13).

10. 우리에게는 죄를 주관하고 다스릴 수 있는 능력이 있다. (O , X)

11. 우리가 복음을 믿고 구원받았을 때 죄의 종에서 의의 종이 되었다(롬 6:18). (O , X)

12. 『너희의 육신이 연약하므로 내가 사람의 방식대로 말하노니 전에는 너희가 너희 지체를 부정과 불법의 종으로 내어주어 불법에 이른 것같이 이제는 너희 지체를 의의 종으로 드려 (   )에 이르라』(롬 6:19).

13. 『이는 죄의 삯은 (   )이요, 하나님의 선물은 예수 그리스도 우리 주로 말미암은 (   )이기 때문이라』(롬 6:23)

■ 복습 문제의 정답은 홈페이지(www.solomonbtc.org)에서 확인할 수 있습니다.

■ 새롭게 깨달았거나 적용할 내용이 있다면 적어 보세요. ■

NOTES

NOTES

< 추 천 도 서 >

로마서

피터 S. 럭크만 지음 / 454쪽

18,000원(eBook 8,900원)

로마서의 주제는 믿음으로 의롭게 된다는 것이며, 오직 믿음으로 은혜를 통해서만 구원받는다는 신약 교리를 보여 준다.

몸, 혼, 영

피터 S. 럭크만 지음 / 80쪽

3,000원(eBook 2,100원)

하나님께서 흙(몸)으로 사람을 지으시고 그의 콧구멍에다 생명의 호흡(영)을 불어 넣으시니, 살아 있는 "혼"이 되었다.

열린 성경 닫힌 마음

이송오 목사 지음 / 216쪽

7,000원(eBook 4,900원)

이 책은 성경에 대해 닫혀 있는 눈과 마음을 뜨게 해 주어, 성경을 왜 나누어서 공부해야 하고 어떻게 나누어 볼 수 있는지 알게 해 준다.

창세기 I

피터 S. 럭크만 지음 / 582쪽

25,000원(eBook 8,900원)

본 주석서는 하늘들과 땅과 인간, 죄, 구속, 인종, 언약들의 기원 및 예수 그리스도와 적그리스도의 예표 등 창세기에 나타난 성경의 진리들을 유감없이 보여 준다.

솔로몬 성경공부 시리즈

로마서

제1권 의인은 믿음으로 말미암아 살리라(1-6장)

초판1쇄 2021년 4월 29일
초판3쇄 2023년 11월 15일
지 은 이 / 편 집 부
발 행 인 / 박 승 용
발 행 처 / 말씀보존학회
출판등록 / 제409-2022-000036호
주 소 / 서울 강서우체국 사서함 제90호
전 화 / (02) 2665 - 3743
팩 스 / (02) 2665 - 3302
인 터 넷 / www.biblemaster.co.kr

값 10,000 원